PHP
Business Shinsho

1冊でまるわかり
50歳からのトレーダー入門

Masayuki Sakakibara
榊原　正幸

PHPビジネス新書

まえがき

こんにちは。「ＭＯＴＯ教授」の榊原です（「ＭＯＴＯ教授」というのは、「元・大学教授」を今風に表現したものです）。

さあ、今から〝本音〟で豊かな老後生活と株式投資の必勝法についての話をしましょう。

「本書に、私の投資のすべてを書きました」

本書には、今まで誰も書いてこなかったような株式投資のお得な情報や注意点、50代や60代の方々のお役に立てるような「還暦後の株式投資」についていっぱい詰め込みました。

私の株式投資人生37年の中でも、とりわけ、直近の3年間（２０２１〜２０２３年）は非常に好成績で、その3年間の売却益は、税引き後の手取りで約1億４０００万円でした。

そのメソッドを包み隠さずすべて本音で書こうと思っています。

37年間の利益の総額に関する正確な記録はないのですが、手取りでゆうに2億円は超えているど思います。株式投資の世界では「37年間で2億円」という成果はたいしたことないのですが、資産収入が2億円増えるだけでも人生に大きな余裕が生まれるというのもたしかです。

なお、「私は株式投資で何億円稼ぎました！」ということを書くのは悪趣味な感じがして好きではないのですが、実績をお伝えした方が説得力も増すかな、と思いましたので、私としましては例外的ではありますが、ザックリとした金額をお伝えしました。

このように本書では、投資やお金の話について「そんなことまで、教えちゃっていいの⁉」と、読者の皆さまが驚くことまで教えちゃうつもりです。

「美味しい人生」を送るための資産運用

本書では皆さまに、21世紀における「美味しい人生のロールモデル」を提言します。

「美味しい人生」とは、人生の終わりごろ（普通は還暦以降を意味します）にふと、自分の人生を振り返った時に、「あ～、幸せだった！」と自分で心の底から思える人生のことを指します。地位や財産や他人からの評価は全く関係ありません。

かの本田技研工業（自動車メーカー「HONDA」）の創業者である本田宗一郎《ほんだそういちろう》氏と、副社長の藤沢武夫《ふじさわたけお》氏が本田技研工業を同時引退する際、2人が交わした有名な会話があります。私はその会話の中に出てくる「幸せ」と「よい人生だった」という2つの言葉が忘れられません。

きっと引退するまでの間、私たちの想像を絶するような苦悩があったかと思います。挫折や失敗も多かったことでしょう。それでも、最後の最後にこうした言葉が出てくる人生、最高だと思いませんか！

私は今そんな「美味しい人生」を読者の皆さまと一緒に目指していけるよう、こうして筆を執っています。

21世紀の日本で「美味しい人生」を目指すにあたり「資産運用」は必須です。

そこで私が読者の皆さまに本書でおすすめしたい資産運用は、「**老後のデイトレード**」です。

「デイトレ」と聞いて瞬間的に本を閉じようとしたあなた、ちょっとお待ちください！

確かに、世間では「株は博打《ばくち》だ」とか「株は難しくて怖い」とか「老後に株式投資なんてやってはいけない」とよくいわれています。世の中にはハイリスクな投資は存在しますので、そうした投資は絶対にしてはいけないと思います。私自身、これまで執筆してきた書籍の中でデイトレをおすすめしたことはありませんでした。

しかし本書に書かれている私独自のデイトレの手法、「サカキ式デイトレ」を真似していただければ、**リターンはあまり高くないものの、リスクも低い「資産運用」ができるようになります。この投資法はデイトレにおいても、普通の投資においても「基本に忠実な手法」です。**再現性もありますので、いつの時代にも通用する投資法であると自負しています。一過性の成功手法ではなく、普遍的で基本に忠実な投資法をぜひ本書で身につけてください。

老後のデイトレは、儲《もう》けることではなく「損をしないこと」に最大の重点を置くことが大切です。

50歳からの株式投資ロードマップ

さて、先ほど「37年間の利益の総額に関する正確な記録はないのですが、手取りでゆうに2億円は超えていると思います」と申しましたが、実は私の投資人生、最初の14年はトントンかマイナスの結果が多く、失敗ばかりでした。そんな私が一体なぜ、その後の23年間で急激に成長することができたのか。それは、私が**株式投資のことを「きちんと勉強したから」にほかなりません**。

27年前に東北大学に助教授として採用された時、一度は「研究や教育という本務に専念するためにも株式投資は当分やめようかな」とも思ったのですが、翻《ひるがえ》って、「いや、やめるくらいならいっそのこと、これまでの根拠が薄弱で『脆弱《ぜいじゃく》な投資』は封印して、せっかく身に付けた会計学の専門知識を株式投資に活かしてみよう」と一念発起しました（会計学の難解な専門知識を駆使したのではなく、日商簿記検定試験の3級程度の簿記の基礎的な知識を応用しただけです）。

そうしたら、成果はみるみるうちによくなったのです。

ですから皆さまも、本書をはじめとしたいくつかの株式投資の書籍をお読みになって株式投資のことを「きちんと勉強」なされば、株式投資による利益の総額が手取りで2億円という未来も決して夢ではありません。

私が本格的に株式投資に取り組み始めたのは40歳の時からですが、あれから22年ほど経った今考えると、50歳から始めていても優雅な老後への対策は充分間に合っていたと思います。ですから、本書のタイトルを『1冊でまるわかり　50歳からのトレーダー入門』と名付けました。

そして、私は60歳を過ぎてからデイトレを始めたのですが、それからの成果はさらに一段と爆発的な成長を遂げました。60歳の時点ですでに株式投資の経験を充分に積めていたからということもありますが、一番は、早期退職をして**時間と資金に余裕ができたから**です。

かつては本業に充てていた時間も相場と対峙《たいじ》する時間に充てられるようになったので、デイトレという超短期間の売買に挑戦できるようになりました。そして1回、1回の取引が超短期だからこそ、その1回に大きな資金を投入できるようになり、株式投資の成果が爆発的な成長を遂げたのです。

そのため、私は本書で**50歳で株式投資を始め、60歳からデイトレを始めることで、70歳までに「最高の自由」と「お金の安心」を手に入れられる**と皆さまにお伝えしていきたいのです。

この「まず50代で株式投資の基本に忠実な普通の取引の経験をしっかり積んでから、60歳でデイトレに挑戦する」という「正しい手順」を知り、デイトレを「マニュアル化」してしまえば、デイトレは怖いものではなくなります。この「正しい手順」を踏まず、**老後にいきなりデイトレを始めるというのはご法度中のご法度で、破滅の素**です。

本書ではこの後、「正しい手順」と「マニュアル化」についての詳細も丁寧に解説していきます。

老後のデイトレをおすすめする「3つの理由」

では、なぜ私が老後のデイトレをおすすめするのか……その理由は3つあります。

(1) ヒマだから

ぶっちゃけた話をすると、老後はかなり「ヒマ」です。忙しいビジネスパーソンは想像がつきにくいかもしれませんが、現役を引退した後の人生は、思いのほかヒマなのです。

何か大きな趣味でもなければ、あっという間にやることがなくなります。

そのため、ヒマで何もすることがないから、平日の9時から15時まではデイトレでもして、「お小遣い稼ぎをする」のがおすすめなのです。

そして実は、この**「ヒマだから、デイトレをする」というモチベーションこそが、「デイトレの勝利の秘訣」**でもあるのです。デイトレは「ヒマだからやっているだけ」ということに徹すれば、欲張らずにすみます。この「欲張らない精神」が、「勝ち」をもたらしてくれるのです。

(2) 生活が規則正しくなるから

私には会社員の経験がありません。大学を出てすぐに大学院に進み、そのまま大学に残ったので、私のこれまでの人生のほとんどが「学生」でした。

そのせいで私は、高校を出てから大学院教授を引退するまでの41年間ずっと、昼ごろまで寝ているような、非常に不規則な生活をしてきました。41年間の筋金入りの「不規則生活人生」だったのです。

それがなんと、デイトレ生活を始めてからは、ほとんど毎日8時半には起きるようになりました。

読者の皆さまは私のような数奇な人生ではなく、会社員をまっとうして引退生活に入られる方がほとんどだと思います。

そういう方々にとっては「毎日、昼ごろまで寝ていてもよい生活」なんて、パラダイスだと感じられることでしょう。もちろん、最初はパラダイスです。でも、自堕落な生活にはすぐにうんざりしてしまうでしょう。**そしてやっぱり、「ヒマすぎる生活」になってしまうのです**。

その点、「原則的に毎日デイトレをする」と決めておけば、ヒマ過ぎることがなくなるだけでなく、生活が規則正しくなるので健康的に生きることができます。

(3) 老後も、自分の力でお金をいくらか稼ぐことができると、生活に張りができるから

老後の生活費を「年金収入と貯金の取り崩しだけ」に頼ろうという読者の方も多いかもしれませんが、それでは生活に張りがなくなってしまいます。たとえ充分な蓄えがあって、年金収入だけでそれなりの生活ができたとしても、自分の力でお金を稼いでいない生活というのは、なかなかに地味ですし、不安も残ります。

老後も、リスクを最小限に抑えながら毎日いくばくかの利益を得る行動をして、成果を得るという生活を続けていくと、生活にとても張りと潤いができます。

以上の3点を念頭に置きながら読み進めていただけますと、本書の内容をより前向きに捉えていただけると思います。

本書の目的は、株式投資のイメージを明るく楽しいものに変えて生涯にわたる株式投資による資産運用を推奨し、斬新な視座から「成功する株式投資の考え方」を広めることにあります。そしてそうすることによって、日本の社会に根強く横たわっている「老後不安」を払拭していきたいと考えています。

また、同じく日本の社会に根強く横たわっている「株は博打だ」とか「株は難しくて怖い」という固定観念を払拭することにも挑戦していきたいです。

章末のコラムにも私の投資ノウハウをふんだんに盛り込みました。こちらも見逃し厳禁です。

この1冊が、皆さまの人生を「美味しい人生」にするためのささやかな一助になれば幸いです。

目次

1冊でまるわかり　50歳からのトレーダー入門

第1章 これから日本で何が起きるか
——お金について始めに知っておきたい大事な話

第2章 誰も教えてくれない「かしこい老後対策」

——70代で「美味しい人生」を送るために、50代・60代でやっておくこと

第3章

新NISAで成功する人、失敗する人

——9割の投資初心者が見逃す「落とし穴」

第4章
初心者必見！ 科学的に正しい「株式投資の必勝講座」

第5章 負けない投資家は、投資先をこう決める
——実践編！　銘柄売買の具体的な手法

第6章 定年を迎えたら「とにかく明るいデイトレ」！

第7章 60歳からのデイトレは頑張らない！
――「1日3時間」で5年後には億万長者に

第8章

【超上級者編】デイトレ実践講座！

第1章

これから日本で何が起きるか

——お金について始めに知っておきたい大事な話

第1章では、これからの日本で起こるであろうお金に関する予測を、大事な論点にしぼって述べていきます。これを知らないと損をします。いや、大損をするかもしれません。

ただしこれらの論点は、いずれも、これからの日本で起こる「であろう」という予測に基づくお話であって、この予測がハズれて何も起こらなかったとしたら、それに越したことはない、ということばかりです。

でももし、やっぱり予測通りの未来がやってきてしまうとするならば、あらかじめ知っておくことでその対策を講じることができます。知らないままだとかなり痛い目をみることになるでしょう。

多少難しくお感じになることもあるかもしれませんが、将来、大きな損失を被りたくない方はぜひお読みください。

住宅ローンに隠された変動金利の地獄

現在住宅ローンを組んでいる方のうち、「72%」の方々が変動金利でローンを組んでいるそうです。そんな変動金利で住宅ローンを組んでいる大多数の方々に警告を発します。

可及的速やかに、変動金利を固定金利に借り換えましょう。

これからの日本経済は、インフレが基調となります。

インフレの時代には金利の利率が上昇するので、変動金利を固定金利に借り換えておかないといけないのです。変動金利でローンを組んだまま金利が上昇してしまうと、支払う金利が大きく増えてしまい大変なことになります。

これまでは金利がほとんど上がってこなかったのでどうしても危機感が薄く、「どんなに利率が上がっても、金利は３ヶ月か半年に１度ずつ見直しが入るだけだし、支払額は最大でも1.2倍にしかならないから大丈夫だろう」と思っている方が多いようです。

以下で、借入額が「５０００万円」で、借入期間が「30年」の元利均等返済方式の住宅ローンについて、数値例を用いて解説していきます（１０００円未満の端数は四捨五入します）。

(1)金利が「1%」の場合

毎月の支払額は「16万１０００円」です。この場合、元金返済額は「11万９０００円」

で、金利は「4万2000円」という内訳です。

（2）金利が「1%」から「3%」に上がった場合

金利が「1%」から「3%」に上がった場合、毎月支払うべき金額は「21万1000円」に跳ね上がります。毎月の支払額が5万円も増えてしまうのです。しかもその内訳は、元金返済額が「8万6000円」で、金利が「12万5000円」です（借入残高を5000万円として計算）。

しかし金利は上がっても、たとえば半年間は、毎月の支払額は金利が上がる前の「16万1000円」のまま変わりません。その舞台裏ではひそかに元金返済額が激減しています。

なぜなら金利が「3%」に上がった場合、毎月の支払額の「16万1000円」のうち、「12万5000円」は金利に充当されるからです。そのため、元金返済額は「3万6000円」に激減してしまうのです。

そして半年後には、毎月の支払額は「16万1000円」の1.2倍の「19万3200円」に上がります。それでもまだ毎月支払う金額は「21万1000円」には達していませんので、もう半年経つと、毎月の支払額が「21万1000円」になるのです。

毎月の支払額が1年後に５万円も上がってしまったとしたら、あなたの家計のやりくりは大丈夫ですか？　しかも支払いの内訳をみると、元金返済額は激減しているので、このままいくとローンを30年で払い終えられない可能性もあります。

（３）金利がさらに上がって「５％」になった場合

金利が「５％」になった場合、毎月支払うべき金額は「26万８０００円」に跳ね上がります。毎月の支払額はさらに５万７０００円も増えてしまうのです。しかも元本支払額はたったの「６万円」です。

前述の（２）と同じく支払額は半年間変わりませんが、半年後には毎月の支払額は1.2倍の「25万３２００円」に上がり、もう半年経つと、毎月の支払額は「26万８０００円」になります。

当初の支払額から毎月10万円以上も支払額が増えていますから、通常の家計ではなかなか支えきれなくなってしまうのではないでしょうか。「住宅ローン破産」まっしぐらです。

あなたの家計は大丈夫？　迫りくる「住宅ローン破産」

過去25年間、日本の利率において「5％」という数字を見たことはないのですが、25年以前には確かに実在していました。また2023年にはアメリカの長期金利は5％を超えましたから、**日本でも利率が5％を超えるというのはあり得ない話ではないのです。**

ただし住宅ローンの金利が5％を超える時というのは、国債の利払いもとんでもないことになっているはずですので、そんなことは起こらないのかもしれません。しかし、国家財政ごと破綻した場合には、金利の水準は5％どころではすみません。そのときは国家財政と共に家計も破綻してしまうでしょう。

2023年の年初以降、新たに住宅ローンを組んだ方に限った範囲では、固定金利でローンを組む人の割合は70％近くになったという報道を耳にしました。変動金利でローンを組む人の割合が30％まで減ったということですから、よいことです。

「金利が上がった際には、借入金の全額を一括で返せる」という方なら変動金利で借りてもよいのですが、そうでないのであれば、これからの時代は変動金利でローンを組むのは従来よりもリスクがかなり高いです。

大事なことですから、もう一度繰り返します。

「金利が上がった際には、借入金の全額を一括で返せる」という方でなければ、これからの時代は変動金利で借りてはいけません。「住宅ローン破産」のリスクがあるからです。

これからは日本も世界もインフレが基本です

日本の債務残高は１２００兆円を超え、現在もどんどん増殖中です。国の税収は70兆円ほどしかないのに、歳出は毎年１００兆円を超えています。債務残高が１２００兆円を超えているのに、性懲りもなく毎年30兆円以上の赤字を垂れ流しているので、その分だけ債務が増え続けているのです。

これをなんとかしようとしたのが、アベノミクスです。２０１３年から日経平均株価は右肩上がりになっていますし、不動産価格も首都圏を中心に大幅に上昇しています。また、１００円を割っていたドル円の為替レートは、２０２２年に１５０円に達しました。

明らかなインフレ誘導策です。

それでも日本のデフレマインドは根強かったため、物価のインフレはなかなか顕在化しませんでした。また２０２０年にはコロナショックも発生したため、インフレの顕在化がさらに後送りになったのです。

しかし、２０２２年２月に勃発したウクライナ戦争を契機に世界的なインフレが加速していきました。これにより、いよいよ日本でも資産のインフレだけでなく、物価のインフレも始まってきたのです。

アベノミクス以降のこれまでの10年間は「マイルドなインフレ」でした。マイルドなインフレが持続し続けてくれれば比較的平和ですし、債務残高の実質的な価値を目減りさせようという政府の思惑通りになったので、なんの問題もありません。

一方で、日銀は政策金利を大幅には上げられません。金利水準を大きく引き上げれば、国家財政が破綻するからです。そうなってしまうと、ハイパーインフレになってしまいます。

前述のように、日本の債務残高は１２００兆円を超えていますので、金利水準が「５%」になってしまったとしたら、金利だけで60兆円を超えてしまい、税収のほとんどが利払いに消えてしまいます。これでは、財政破綻です（２０２３年におけるアメリカの長期金利は最高「5・25〜5.5％」の水準にありましたし、前述のように日本でも35年くらい前には金利水準が「5％」でしたから、あり得なくはない水準です）。

金融緩和を維持し続けなければならない状況ゆえに、黒田東彦《くろだはるひこ》日銀体制は異例の10年も続いたわけですし、植田和男《うえだかずお》総裁に代わってから、2024年3月現在までも金融緩和は維持されています。国家の債務残高が高すぎて、「金融引き締めができない国」になってしまったのです。

ということで、これからもインフレは続いていきます。

2024年3月時点では日経平均株価が史上最高値を更新中ですが、金《きん》価格も史上最高値を更新しています。明らかに、世界的なインフレが起こっているのです。これに対抗するには、株式投資についてしっかり学んで、実践し続けていくことが必要です。ぜひこの先をお読みになって、インフレ時代をかしこく生きてください。

さてこの章では、投資をするにせよ、しないにせよすべての日本人に知っておいて欲しい「お金関係の大事な話」について書いてみました。皆さまのご参考になりますと幸いです。

MOTO教授の投資コラム❶

「複利のチカラ」で「億り人」計画

アルベルト・アイシュタイン博士はいいました。

「『複利』のチカラは、人類最大の発明である」と。

たとえば、毎年手取りで10％の利回りを実現するとして、初期資金の「1000万円」に加えて毎月5万円ずつ積み立て、年末に、まとめて60万円を投資資金に追加するとします。

そうすると、1年後には1160万円、2年後には1336万円になります。最初は地味な数字に見えますが、20年後にはこれが1億円、27年後には2億円を突破します。

現在40歳の人は60歳で「億り人」に、67歳で「2億り人」になれるのです。

そして67歳で「2億り人」になれれば、株式投資だけで毎年手取りで2000万円もの収入を得られますので、常識的な範囲であればかなり裕福な生活をしていても全部はつかいきれません。

そうなると、つかわなかった分は加算されていきますので、お金はまたもや複利でどんどん増え続けていきます。「つかっても、つかっても、お金が増え続ける」というパラダイスな老後です。

運用さえ続ければ経済的にはパラダイスになるので、あとは「健康」と「生き甲斐」だけを考えて、老後を悠々自適《ゆうゆうじてき》に暮らせます。

今回は、40歳で「複利のチカラ」を駆使して60歳で「億り人」になる、という例をお話ししましたが、もちろん、現在50歳の方が「複利のチカラ」を駆使すれば、70歳で「億り人」になれますので、50歳から始めても老後は安泰です。

株式投資は、この「複利のチカラ」を利するためにある、といっても過言ではありません。

また、このような絶大なチカラを発揮する株式投資をしないことは、まさに「一生の不覚」だと断言できます。株式投資をする理由の１つは、「人類最大の発明」である「複利のチカラ」を利するためなのです。

そして、「複利のチカラ」を利するためには、資金が１億円とか２億円といったようなまとまった金額になるまでは「つかってはダメ」です。

1000万円の資金が1年後に1100万円になった時に、利益の100万円をつかってハワイ旅行をしてしまったら、資金総額は1000万円に逆戻りです。

これを毎年繰り返せば、毎年お正月にハワイ旅行ができますが、資金総額は20年後も27年後も1000万円のままです。こんなドンくさいヤツになってはいけません。

要するに、「複利のチカラ」を活かして億り人になるためには、

1. 株式投資をする（年率10％の利回りを達成する）

2. 億り人になるまで株式投資の口座からはお金を引き出さない（納税資金を除く）

というこの2つを守るだけでよいのです。あとは20年という「時間」が、あなたを億り人にしてくれます。

そしてひとたび億り人になってしまえば、その資金は加速度的に増えていきますので、「2億り人」になるにはあと7年だけです。

「株式投資をする理由」と「複利のチカラ」のもの凄さについて、簡潔にお伝えしました。

第2章

誰も教えてくれない「かしこい老後対策」

――70代で「美味しい人生」を送るために、50代・60代でやっておくこと

なぜ私たちの給料は上がらないのか

前世紀、20世紀の日本における「上手くいく人生のロールモデル」をご存じの方も多いと思います。それは、「一流大学→一流企業→退職金と年金で老後は安泰」というものでした。

しかし、今やこの「20世紀のロールモデル」は崩壊しています。学歴信仰が崩れ、一流企業でも倒産することがわかったからです。さらに退職金も先細りで、年金に至っては、先細りすぎて若い人はもうあてにさえしていないでしょう。

この「20世紀のロールモデル」が崩壊し始めたのは、1990年にバブルが崩壊してからのことです。

1991年から2020年までの30年間は「失われた30年」といわれており、その経済的特徴を次のようにまとめることができます（日経平均株価の観点からは、「失われた」のは「30年」ではなく「13年と4ヶ月間」なのですが、その詳細は第4章で述べます）。

- １９９１〜２００３年――バブル崩壊期
- ２００４〜２００７年――プチ・バブル期
- ２００８〜２０１２年――経済低迷期
- ２０１３〜２０１９年――アベノミクスによる資産インフレ期
- ２０２０〜２０２２年――コロナショック期
- ２０２３年〜現在――本格的なインフレ期

　また、この間の社会的な特徴としては、１９９５〜２０００年にかけて「ＩＴ革命」が進展したことや、１９８９年に3％の税率で導入された消費税が、２０１９年までに3度にわたって増税されたことなどが挙げられます。

　消費税を広く薄く（消費税率10％だと、もはや「薄く」ともいえませんが）国民に課税することで法人税を減税してきたことにより大企業の利益が増え、配当額と内部留保が激増しました。このことは、各種の統計資料を調べれば簡単に明らかになります。

　そして大企業は成果主義を導入しつつ、非正規社員を多く雇うようになりました。これにより、一般の国民の平均年収と実質賃金（インフレ率を加味した賃金）は下落の一途をたどりました。

その結果、働いても働いても給料が変わらず、年収も低いままという人が激増してしまったので、今の日本は「人生の将来設計なんか、できたもんじゃない」という若者で溢れかえっているのです。

そこでこれから、この**閉塞状態を打開するための人生のロールモデル、すなわち、「21世紀版 上手くいく人生のロールモデル」をご紹介しようと思います。**

皆さまが、この30年間探し求めてきた答えがここにあります。

21世紀をかしこく生きる現役世代のための「3本の矢」

本章の冒頭でも述べたように、20世紀のロールモデルは、「一流大学→一流企業→退職金と年金で老後は安泰」でしたが、もうこれは綺麗さっぱり忘れましょう。20世紀の遺物です。もうとっくに賞味期限切れです。

そしてこれに代わる、21世紀の日本をかしこく生き抜くためのロールモデルは、「**本業＋副業＋運用**」です。

これを実践することで皆さまの「労働生産性」が飛躍的に向上しますので、「実質賃金」が増えます。

そもそも「賃金」というのは、その人の「労働生産性」を反映したものです。春季生活闘争でベアを数％勝ち取って喜んでいる場合ではないのです。それでは、せいぜい「本業」の部分の名目賃金（インフレ率を加味していない賃金）がほんの数％上がるだけです。「本業」に「副業と運用」を加えることで、皆さまの所得のドメイン（領域）は3倍になりますので、「労働生産性」は飛躍的に伸びます。これに伴い、手取りの年収は数％どころか、2倍とか3倍とか、それ以上に増えていくでしょう。

1の矢　「本業」

まずは「本業」を「イヤじゃない仕事」にして、そこでしっかりと稼ぎましょう。そして**本業で稼いだお金を、なんなら全部つかって、楽しく暮らしちゃいましょう**。「将来」のための資金は副業と運用に任せて、本業で稼いだお金は、「今」を楽しむためにつかいきってしまうのです。

なぜ本業で稼いだお金を全部つかってしまってもよいのかについては、次の「2の矢」

で詳しく解説しますが、簡単にいうと「副業」で稼いだお金を「貯蓄と運用」の原資にすることができるからです。そのため、本業で稼いだお金は自分の好きなことにつかって、楽しい人生を謳歌《おうか》しても大丈夫なのです。

2の矢　「副業」

「副業」も「イヤじゃない仕事」にしてください。そして、**副業で稼いだお金は、その全額を「運用」の資金に充てます。**

先ほども述べましたが、運用の資金に充てるということは、「貯金して増やす」ということなので、「運用資金＝貯金」だと思ってください。簡単にいうと、副業で稼いだお金は自分の好きなことにつかわずに貯金し、そのすべてを運用資金にすればよいのです。

「いや、貯金は額面が減らないけど、株式投資では額面が減るから、貯金のようなものではないじゃないか」という声が聞こえてきます。

しかしこの発想自体が「20世紀の遺物」だといえるでしょう。これからのインフレ経済下では「**貯金の方が減ります**」。インフレ経済下では資産価格や物価が上がっていくので、額面が変わらない貯金の「実質的な価値（購買力）」は下がっていくのです。

「額面が変わらない貯金にしておけば安心」という時代は終わりました。今はむしろその逆で、「額面が変わらない貯金にしておくと、実質的には損をするから不安」という時代になっているのです。

21世紀の日本では、本業で稼いだお金は全部つかって楽しく生活し、「貯金的な部分（＝運用資金）」は、副業の収入で賄うのが理想のかたちといえます。

「そういわれてもやっぱり、投資をするのは不安……」という方もいらっしゃるでしょう。そんな方はぜひ、この後の第4章以降をしっかりとお読みください。そちらで紹介している投資方法は、大儲けはできませんが、着実に資産を増やしていく手法ですので、そちらをお読みいただければ、副業で稼いだお金をすべて運用につかうことに対する不安はなくなるはずです。

3の矢　「運用」

「運用」では「株式投資」を実践し続けます。

初期資金として、300万円から500万円くらいは欲しいところです。なぜなら、運用の資金が300万円以下だと、運用成果の実感が湧きにくいからです。「ミニ株投資」

や「資産運用アプリ」などの登場により、株式投資は1万円以下といった少額からでも始められるようになっていますが、個別株への投資を本格的に行うのであれば、少なくとも300万円から500万円くらいの資金がないと、成果はなかなか実感できません。

その初期資金に加えて、「副業」からの所得を全額投入していきます。前述したように、副業はそもそも「運用資金を稼ぐため」にすることなので、そこから得られる所得は運用資金に全額投入です。その代わりに、本業からの所得は全額自分のためにつかっているわけです。

さて、ここまでの「3つの矢」のうちの「1の矢」と「2の矢」については、拙著の、『大学教授が科学的に考えた お金持ちになるための本』（PHP研究所）『大学教授が科学的に考えた人生後半のマネー戦略　老後資金、55歳までに準備を始めれば間に合います』（PHP研究所）をご参照いただけますと幸いです。「本業と副業」について全力投球で書いています。

とはいいつつ、編集部によりますと、これらの2冊は「完売・重版未定」状態になっているそうなので、中古本を見つけるか電子書籍でお読みいただくしかなさそうです……。

現在、書店かアマゾンなどで手に入るのは
『60歳までに「お金の自由」を手に入れる！』（ＰＨＰビジネス新書）
『60代を自由に生きるための誰も教えてくれなかった「お金と仕事」の話』（ＰＨＰビジネス新書）
だそうです。これらの2冊にも「本業と副業」に関する重要な要点が書かれていますので、ご参考になるかと思います。

FIRE《ファイヤー》の思わぬ落とし穴

「ＦＩＲＥ」というのは、アメリカ発信の若者の憧れの生き方のことで、日本でも憧れのまととなってきています。「ＦＩＲＥ」とは要するに、「早めに大金を貯めて仕事を辞め、自由に暮らす生き方」のことです。

どうすれば「ＦＩＲＥ」できるのか、とか、「ＦＩＲＥ」した人の武勇伝などを書いた本は山ほどあります。しかしその多くは、「ＦＩＲＥ賛美論」がベースとなっています。

そこで本書では、**実は「FIRE」は「美味しい人生」ではない**ということを私の実体験を交えて暴露いたします。

そもそも若いうちから働かずに遊んで暮らしても、たいして楽しくないですし、生き甲斐ややり甲斐も見いだしにくいと思います。

私は還暦を目前にした2021年の3月末（当時59歳）に大学教授の仕事を辞め、いわゆる「楽隠居」を決め込みました。毎日まったりと暮らしていたのですが、4ヶ月もしたらその生活にも飽き、ヒマでヒマでしょうがなくなりました（苦笑）。

ここで、「FIRE」に憧れている方々に意見具申をしたいと思います。

「退職しても、ヒマなだけですよ」

最初は自由を謳歌できて楽しいと思いますが、早晩、飽きます。イヤな仕事を辞めたい気持ちはわかりますが、それは「イヤな仕事をしていること」に問題があるだけなので、「イヤじゃない仕事」に転職してください。そして、還暦くらいまではしっかり働きましょう。**「FIRE」なんかしても、ヒマになるだけですよ。**

そんな私も、前著と前々著で「ＦＩＲＡ《ファイラ》60」というのを提唱しました（拙著『60歳までに「お金の自由」を手に入れる！』をご参照ください）。そこでは、

「仕事を早く辞めなくてもよい。やるべきことは、『イヤじゃない仕事』を見つけることであって、還暦前後（Around 60）まで『イヤじゃない仕事』をしながら、株式投資でしっかりと資産を形成しておきましょう！　そうすれば再雇用や定年の年代になってから配置換えや再就職を余儀なくされ、希望しない仕事をイヤイヤ続けるはめに陥らなくてすみますよ！」

ということを述べています。

「ＦＩＲＥ」と「ＦＩＲＡ60」は、似て非なるものです。若くして働かずに遊んで暮らすのではなく、還暦くらいまではしっかりと働いて暮らしていた方が、人生は充実します。

このことは「ＦＩＲＥ」だけでなく、定年を迎えて退職した場合にも、ある程度同じことがいえます。

定年になったらあれもしよう、これもしようと夢や計画を膨らませている方が多いかと思いますが、それらが一巡したらヒマになります。

定年後もヒマじゃなく暮らすためには、やはり「お気楽に過ごす」というだけではなく

て、

・飽きないことで

・自分独りではなく、相手や社会とつながっていて

・やり甲斐を感じ続けられる何か

をやり続けていないと、「ただのヒマ人」になってしまいます。「ただのヒマ人」なんて、憧れの姿でも、待ち遠しい未来でもないはずです。

「美味しい人生」を転職で叶《かな》える

私は大学院を卒業してから、教員としていくつかの大学を異動したのですが、勤務年数が長かった国立の東北大学と私立の青山学院大学を例に挙げて、職場環境や仕事内容を比較してみます（あくまで、私の感じ方の違いによるものです）。

1997年から7年間、仙台にある東北大学に奉職しました。東北大学は「旧帝大」といわれる国立大学で、「研究第一主義」を標榜《ひょうぼう》していたので、教育活動よりも研究活動が重視されていました。ですから、研究活動が好きな方にとっては東北大学での勤務は「好

きな仕事」とまではいかなくとも、「イヤじゃない仕事」には該当するでしょう。

　ですが、教育活動にやり甲斐を感じる方や研究活動があまり得意ではない方にとっては、東北大学での勤務は「イヤな仕事」に該当してしまうかもしれません。それと、東北大学は勤務先としては「最良の環境」でしたが、東京や名古屋と比較すると仙台は地方都市ですし、冬は寒いので、生活面では私にとってイヤな面もいくらかありました。

　次に青山学院大学についてですが、こちらはビジネススクールに奉職したため、教え子のほとんどが社会人でした。社会人教育は、やり甲斐はあるものの教育現場がかなりシビアでした。補講日が半期に1日しかなかったので休講は原則としてできませんでしたし、実務に役立たないような講義をしてしまうと、学生諸氏から不評をかってしまいます。東北大学の方が教育現場としての負担はとても軽かったように思います。

　そのため青山学院大学では、研究活動よりも教育活動に大きなウェイトを置くことを要求されました。東北大学とは真逆です。また、青山学院大学での勤務地は渋谷にある青山キャンパスだったので、こちらも東北大学とは異なり、生活面は極めて良好でした。

　ことほどさように「大学教員」と一口にいっても勤務先によって公私ともにさまざまなので、人によって「好き」・「イヤじゃない」・「イヤ」は大きく分かれるでしょう。

ましてや異業種に転職してしまえば、仕事を「イヤじゃない仕事」や「好きな仕事」に変えることは充分に可能ですし、職場内での異動だけでも、仕事への感じ方が変わる可能性は充分にあると思います。

以上のような経験から、「仕事なんてどれもたいして変わらないよ。みんなイヤな仕事だよ」というのは間違いだと、私は考えるのです。**努力して状況を改善すれば、「イヤな仕事」を「イヤじゃない仕事」（または「好きな仕事」）に変えることは充分に可能なはずです。**

「早くお金を貯めて、早く辞めよう」という短絡的な思考に偏るのではなく、まずは、「イヤな仕事」を「イヤじゃない仕事」（または「好きな仕事」）に変えてみましょう。

仕事を辞めてもリバウンドしてしまう

私の知人に30代で「ＦＩＲＥ」を達成してハワイと日本、そして多くの外国を旅しながら、優雅に暮らしている本田《ほんだ》直之《なおゆき》さんという方がいます。ベストセラーになった『１００

倍の利益を稼ぎ出すビジネス書「多読」のすすめ　レバレッジ・リーディング』（東洋経済新報社）という本の著者でもあるので、ご存じの方もたくさんいらっしゃるかもしれません。

私が青山学院大学に勤務していた2006年ごろに本田さんと談笑していた際、こんなお話をしたことがあります。

私：大学教員の仕事は今のところイヤじゃないので、まだ当分は続けようと思っています。

本田さん：その方がいいですよ。大学教員の仕事はいいお仕事だと思いますし、そもそもどんな仕事であれ、仕事を辞めてもヒマになるだけで、かえって苦痛だったりしますからね。私も仕事を辞めてから当分の間はハワイでサーフィンばかりしていましたが、それだけじゃ物足りなくなって、結局今ではまぁまぁ仕事をしていますもん。仕事を辞めても結局、リバウンドしちゃうんですよ（笑）。

誤解がないように付け加えておきますと、本田さんは私と違ってホンモノの「ＦＩＲＥ」を経験なさっています。そして、私は本田さんがお住まいになっていたハワイのコンドミニアムや六本木の超高級マンションにお邪魔したこともありますが、「ＦＩＲＥ生活」

をとてもエンジョイなさっていました。本田さんのように「ＦＩＲＥ生活」をフルにエンジョイなさっていた方でも、「仕事を辞めてもいつかはヒマになってしまって、かえってそれが苦痛になってしまう」とおっしゃっているのです。

遊んで暮らすだけなんてすぐに飽きます。特に「やりたいこと」があるわけでもないのに、お金だけを貯めて闇雲《やみくも》に今の仕事を辞めたとしても、ヒマでつまらない人生しか待っていません。

今、「ＦＩＲＥ卒業生」が増えている理由

最近は、一度は「ＦＩＲＥ」したけど

- ヒマすぎるか
- お金に困ったか

の、いずれかの理由で復職する方のことを指す「ＦＩＲＥ卒業」という言葉があるそうです。

先ほどの本田さんも「ＦＩＲＥ卒業」生のようですし、私も「ＦＩＲＡ 60」を4ヶ月

で「卒業」しました。本田さんも私も、幸いお金に困ったわけではないのですが、私に関しては「ヒマすぎて困った」といったところでした。

「ＦＩＲＥを達成すれば、自由になれる！」と思っている方は多いでしょうが、実際の「ＦＩＲＥ生活」は楽しくも苦しくもないのです。

私も昔は「ＦＩＲＥ（昔は「ヤングリタイア」という表現でした）」に憧れたことがありましたし、「ＦＩＲＡ 60」を達成したらさぞ毎日が楽しいだろうと期待していたこともありました。「ＦＩＲＡ 60を達成できるなんて、『雲の上の人』だ」とまで思っていた時期もあります。

しかし実際に「ＦＩＲＡ 60」を達成した時の風景（人生の風景）は、まさに「雲の上」ではあったのですが、「雲の上」は「何もありません」。ただひたすら雲海が続くだけ。パラダイスでも遊園地でも何でもなかったのです。ただただ、何もない時間と空間が広がっているだけでした。**正直申し上げて、「期待ハズレ**」という思いが強かったです。そして4ヶ月ほどで飽きました。

本業を退職した後も私には副業と執筆などがありましたが、それだけではヒマ過ぎたのです。でも、デイトレを始めたおかげで現在はとても快適で充実しています。もしもデイトレをしていなかったらと考えると、身の毛がよだちます。膨大に広がるヒマな時間の前に立ち尽くして、呆然としていたことでしょう。

かしこい人生計画の立て方

人生をかしこく、美味しく生きていくには、「事前の計画」は必須です。20歳・30歳・40歳・50歳・60歳といった節目の歳には、「次の10年をどう生きるのがよいのか」を考える という方も多いと思います。

そこで、私が実践してきた「人生計画の妙手」をご紹介します。それは、**人生計画における「1割引説」**です。

（1）20代の10年をどう生きるのがよいのかを考えるのは、20歳の1割引の18歳前後のタイミングがベスト、ということです。同様に、
（2）30代の10年の生き方を考えるのは30歳の1割引の27歳前後のタイミング
（3）40代の10年の生き方を考えるのは40歳の1割引の36歳前後のタイミング
（4）50代の10年の生き方を考えるのは50歳の1割引の45歳前後のタイミング

（５）　60代の10年の生き方を考えるのは60歳の１割引の54歳前後のタイミングというわけです。

この「１割引説」は、40代を考えるのは36歳、50代を考えるのは45歳、というように考える年数が１年ずつ伸びていきます。これは、歳をとるにつれて年月が過ぎる体感速度が上がることに対応していて、人生について考える時間を増やしているからです。

それでは、これらを順番に吟味していきましょう。

（１）　20代をどう生きるか

18歳前後は高校卒業後の進路を決定する時期です。進学か就職か。進学する場合には、どの大学のどの学部か……。「20代をどう生きるか」を考えるのにベストなタイミングです。

私自身、20代を楽しく有意義に過ごすことができたのは、20歳の１割引である18歳の時にしっかりと大学入試の受験勉強をしたことが礎《いしずえ》になっていると実感します。

（2） 30代をどう生きるか

30代の10年間をどう生きるかを考え始めるのは、27歳くらいからが適齢期です。男女ともに「第一次の結婚適齢期」でもありますし、転職や海外派遣を考えるのもこの時期がよいでしょう。

私の場合は27歳の時に大学院の後期課程（博士課程）に在籍していて、将来大学教員になるか、税理士になって家業を継ぐかを決める最終段階にいました。自分に向いているのは大学教員の道だなとハラをくくり、母校の名古屋大学の教授になろうと志しました。

そしてそうなるためにも、「40歳までには、海外で博士号（PhD）を取ろう」と考え、そのための準備として、研究活動と英語の勉強に、従来以上に注力するようになりました。

結果として40歳になる年にイギリスの大学から博士号を授与されましたし、それよりも前の36歳になる年に東北大学の助教授になることができました。

大事なことは、「1割引」のタイミングで「10年先のビジョン」を持っておき、それをリアルに実行していくことだと実感した経験でもあります。

（3） 40代をどう生きるか

36歳も、転職や海外派遣を考える年齢です。人生の方向性を決める大きなことなので、拙速に決断せず、数年かけて検討していくのがよいでしょう。

私が36歳から40歳まで考え抜いた末に思い至ったのは、「40代では経済力を身に付けよう」ということだったので、40歳になる少し前から私立大学への移籍を検討し始めました。

そして42歳になる少し前に青山学院大学の大学院に移籍しました。それから1年間は色々な試行錯誤を繰り返し、２００５年4月16日に、現在も副業として続けている株式投資に関する情報を配信しているオンラインサロン（「兜町大学教授の教え」）をスタートさせました。

ちょうどそのタイミングで日経平均株価が大きく右肩上がりになったので、運よく絶好の波に乗ることができ、株式投資に関する私の1冊目の著書『現役大学教授がこっそり教える　株式投資「必勝ゼミ」』（ＰＨＰ研究所）がベストセラーとなり、株式投資に関するオンラインサロンも大きくブレイクしました。

起業したタイミングがまさに幸運だったのですが、「幸運を手にすることができるのは、事前に周到な準備をしている人だけ」とよくいわれているだけに、やはり事前に「次の10年」を考えて周到に準備をすることは、非常に有効な成果に繋がるのだと思いました。

（4） 50代をどう生きるか

45歳は、有効な転職を考える時期としてはラストチャンスの年齢です。本当にこの仕事を続けていても楽しいのか、好きなのか、イヤじゃないのか、今一度自分に問いかけてみてください。

私がこの時期に思い立ったのは、「そうだ！ 老後対策を始めよう！」ということでした。私はこの時すでに移籍とプチ起業を終えていましたので、もう一歩先の「老後対策」に思いが至ったのだと思います。皆さまはそこまで焦らなくても大丈夫です。

（5） 60代をどう生きるか

54歳は「老後対策」を始めるベストタイミングです。「老後対策」は早くから始めるに越したことはないのですが、あまり若い時期から始めても実感が湧かないでしょうし、50歳前後の時期ですと、住宅ローンの支払いや子どもの教育費などがかさんだりして、なかなか難しいかもしれません。

そのため、**遅くとも「60歳になる1割引」の54歳からは「老後対策」を始めたい**ところです。

私の場合は、「よりよい60代を生きていく」ということをじっくりと考え、54歳のころに「本業を辞めようかな」と考え始めました。そして56歳のころに、49歳から始めていた老後対策はほぼ完成したので、59歳と9ヶ月で「自主定年退職」を実行に移しました。

そして59歳のころから、「60代は完全に自由に生きよう」という思いに至りました。これを決断した最大の理由は、「人生の残り時間が少ない！」と痛感したからです。

２０２３年、日本人の「健康寿命」は男性が72歳で女性が75歳だと発表されました（年齢の端数は切り捨て）。平均的に考えると、60歳になった男性に残されている健康な時間は「あと12年しかない！」のです。

いかがだったでしょうか。このように、「人生の方向性に関する決断」には年単位の時間がかかります。しかし、惰性で生きてしまってはいけないと思います。常に「**先を見越して**」、用意周到に準備をしておかなければなりません。そのための上手なタイミングの基準が、「人生計画における１割引説」なのです。

おすすめ！　3つの老後対策①　居住地確保

さてここからは、私が実践した具体的な老後対策をご紹介いたします。皆さまのご参考になれば幸いです。

老後対策として最初に着手すべきなのは「自宅の購入」です。

私は49歳の時に、名古屋市千種区の地下鉄桜通線、吹上駅の近くに土地を買い、3階建ての家を建てました。

住宅に関する考え方には、「分譲派」と「賃貸派」があります。人生観や価値観によりますので一概にどちらがよいとはいえないところはありますが、**「老後対策」という観点からは「分譲」に軍配が上がります**。その主な理由は、次のようなものです。

〈理由1〉賃貸住宅は、家賃が上がる可能性があるから〈分譲住宅を買って住宅ローンの金利条件を固定型にすれば、支払額が増えることはありません。固定資産税額だけはいくらか上がる可能性がありますが、家賃の上昇に比べればかなりマイルドです）。

〈理由2〉賃貸物件によっては高齢者を入居させたがらないケースも多いから（その点、分譲住宅を取得しておけばそういった「入居できないリスク」はなくなるので、老後の住まいには困らなくなります）。

〈理由3〉住宅の資産価値が住宅ローンの残高を上回れば、必要に応じて売却することで介護施設の入所費用に充てられるから。

〈理由4〉住宅ローンを払い終われば、それから先は居住費がかなり減るから。

〈理由5〉居住用財産は、相続税対策になるから。

具体的な理由を5つ挙げましたが、総合的に考えても、分譲住宅を買っておけば「老後も安心だから」というのが最大の理由です。

おすすめ！　3つの老後対策②　金地金《きんじがね》の購入

株式投資の運用資産とは別で購入を考えたいのが「金地金」。これは、いわゆる「貯金」

です。私は2012年の夏あたりから、長期的な定期預金の感覚で金地金の購入を進めました。

一般的には「貯金」というと、金融機関にお金を預けることを思い浮かべる方がほとんどだと思いますが、私は「長期的な価値の保存には金地金が適している。『金地金にはインフレ対抗力』がある（対照的に、銀行預金にはインフレ対抗力はない）」ことを知っていましたので、本質的な意味で正しい「貯金」として「『金（ゴールド）』を『貯』める『貯金』」を始めました。

2024年3月現在、金地金の価格は1グラム当たり1万1000円を超えていますので、日経平均株価と同じく史上最高値圏になりました。つまり、金価格も明らかにインフレを示しているのです。金価格はとても高くなっていますが、インフレ対抗力がある資産を持っておくことは大事なことですので、まだ金地金をお持ちではない方は少しずつでよいので、金地金を買っておかれると老後の安心に繋がります。

先ほど、「本業の収入は全部つかっちゃいましょう」と述べましたが、私の場合は、夏と冬のボーナスと株の配当金を原資にして金を買い進めました。ボーナスと株の配当金は通常の生活においては「余剰金」の感覚でしたので、そういったお金は無駄遣いしたり買い物の代金をボーナス払いにしたりせず、しっかりと「金地金」を貯めていきました。

ボーナスは年に2回、株の配当は通常、年に2～4回あります（3月決算企業の株と12月決算企業の株を持っていると、年に4回になります）。その時期になったら、金地金の価格がいくらであっても一定の金額を金地金に投入することで、ドルコスト平均法的な効果も得られます。

おすすめ！　3つの老後対策③　副業と運用

前述のとおり、**老後対策として重要なのは、「副業」と「運用」を始めることです。**

私自身、副業は2005年から、運用は1987年から始めているので老後対策としてこれらを始めたわけではないのですが、「副業」と「運用」はぜひとも50代半ばまでにはスタートすることをおすすめいたします。そうすることで、経済的にも時間的にも、老後の生活がより豊かなものになるからです。

遅くとも54歳から始める「老後対策」については、以上です。

皆さまもこの「人生計画における『1割引説』」をぜひ活用し、美味しい人生を歩んでみてください。

53ページですでに述べましたが、私は18歳の時からこの「人生計画における『1割引説』」を実践してきましたので、普通の人よりは「一歩先」に人生の方向性を考えて「美味しい人生」を選択することができたな、と今振り返って思います。何ごとでもそうですが、「一歩先んじる」というのは成功の秘訣です。

そして、私がどうして18歳という若さでこのことに気づけたのかというと、それは私の亡き父のおかげなのです。私が物心ついたころから、「どんなことでも、先ぃ先ぃやっちゃいなさいネ」が父の口癖でした（「先ぃ先ぃ」は、「先に先に」の名古屋弁的な訛りで、「他人より先に」という意味です）。

私はもうすぐ63歳を迎えますので、「楽しくて、充実した70代の過ごし方」を考える時期にさしかかります。70代というのは「健康寿命」が尽きる年代でもあります。ですから、これが人生最後の「人生計画における1割引説」になる可能性が高いです。

今考えているのは、「好きな仕事を一生やり続けること」です。これから7年かけて「好きなこと」を見つけ、それを死ぬまでやり続けるのが、「楽しくて、充実した70代」だと思うのです。

どうやら、株式投資は私にとって「好きなこと」だったのだと、株式投資歴37年にしてようやく気づきました。ですから、これからも「株式投資の実践とそのリテラシーの普及」を続け、もっともっと好きになろうと思っています。

MOTO教授の投資コラム❷

株式市場の奥深さに魅了されて

私が株式投資を始めてまだ間もない1988年の秋から、今でもなお考え続けていることについて、ここに書いてみます。

それは、「株式市場の奥深さ」についてです。

1988年といえば、日本はバブル経済の真っ只中でした。当時、「新日本製鐵（現：日本製鉄）」が「シンボリック・ストック（バブルを象徴する株）」といわれていました。

「新日鉄の株価は1000円になる！　新日鉄の株価が1000円になったら、この大相場は終わる」と市場参加者の誰もが口にしていました（結果的には１９８９年２月に付いた９８４円が最高値となりました）。

１９８８年９月の新日鉄を見てみます。

この銘柄の出来高は、非常に少ない日でも１日で１７００～２９００万株、普通の日で約７０００万株、多い日では１日で３億株以上の出来高がありました。

たった１つの銘柄の、たった１日の出来高が１億株とか３億株といったボリュームなのです。

株価は６４７～８２７円でした。大ざっぱな平均値は７３０円くらいです。

当時のすごさを、１日で出来高が２億株の日を例に考えてみます。当時は前場も後場も２時間ずつでしたので、４時間で２億株です。

平均すると１時間で５０００万株ですから、なんと１秒で約１万４０００株の商いが成立していたのです。つまり、１株７３０円として、１秒で約１０２２万円の取引が成立していました。

当時27歳だった私は、そのポテンシャルの莫大さに驚愕《きょうがく》するとともに、そこはかとなく魅了され、「これは、上手く立ち回れば大金持ちになれるぞ！」と思いました。

そして、「これは、ライフワークにするべきものだ！」と直感しました。

しかし当時は株式投資に関する教育を受ける機会や書籍は少なく、データも入手困難でした。

そういった環境のせいにしたくはありませんが、当時は株式投資の勉強をするといっても何をどこから、どういうふうにやったらよいのかがわからず、全くの暗中模索《あんちゅうもさく》でした。

でも、現在は違います。

ネットも書籍もセミナーも、いくらでもあります。その気になれば、いくらでも情報は手に入るのです。

もう一度繰り返し申します。

「**日本の株式市場は、奥が深い**です。」

しっかり勉強して、真摯《しんし》に向き合えば、富裕層への道はすぐそこです。

さあ皆さま、ワクワクしてきませんか！

もちろん、大儲けだけではありません。大損する可能性も充分にある世界です。しかし、しっかりとした勉強と経験を積めば大丈夫です。

まずはきちんと勉強しましょう！　そして、株式投資に20年の時間をかけましょう！

そうすれば、あなたもきっとお金持ちになれますよ！

ちなみに、このコラムを書いている２０２３年８月23日に売買代金が一番多い銘柄は「レーザーテック（６９２０）」で、１日の売買代金は１４９７億円です。これもたった１つの銘柄だけで、１秒間で約８３２万円の売買が成立しています。

１９８０年代後半の真性バブルの時ほどではないですが、一個人にとっては、やはり桁違いの世界ですよね。

これが日本の株式市場のポテンシャルなのです。

「ここで上手に立ち回れば、すごいことになる！」

今でも、私はそう信じています。

第3章

新NISAで成功する人、失敗する人

――9割の投資初心者が見逃す「落とし穴」

新ＮＩＳＡ制度について、ちゃんとわかっていますか？

第2章までで、老後までの資産運用と株式投資の重要性をイメージしていただけたかと思います。

「早く株式投資の必勝法を教えてくれよ」と、はやる気持ちを抑えつけるようで恐縮ですが、その前にお伝えしておきたいことがあります。

それは「新ＮＩＳＡ制度」についてです。

２０２４年1月1日から、株式投資に対する課税制度に「新ＮＩＳＡ」という制度が導入されました。この「新ＮＩＳＡ制度」についての詳細は他の書物にお任せするとして、本書には「**誰も知らない本音の話**」を書いていきます。

世間では現在（２０２４年1～3月）、「新ＮＩＳＡ制度によって株式投資の利益が非課税になるから、これを機会に株式投資をしましょう！」の大合唱です。皆さまの中にも「この流れに乗って新ＮＩＳＡを始めなきゃ！」と思っていた方がいらっしゃるのではないでしょうか。

でも、ちょっと待ってください。

新ＮＩＳＡ制度の下で、投資信託ではない普通の株式投資の売却益が非課税なのは、「投資額が1年に２４０万円まで」で、しかも「**1年に1回転だけ**」です。「1回転」というのは、「1つの銘柄の株を買って、それを売るまで」を意味します（買いと売りをセットにして、「1回転」と表現します）。

それって、**実は全然たいしたことではないのです**。

なぜたいしたことではないのかというと、本当に株式投資で利益を得ている個人投資家の投資活動は「1年に２４０万円まで」に収まるケースは少ないですし、「1年に1回転だけ」でもないからです。つまり、本当に株式投資で利益を得ている個人投資家の目線から考えた場合、新ＮＩＳＡ制度のメリットは、非常に少ないのです。

ただ、断っておきますと、私は新ＮＩＳＡ制度に反対するつもりは毛頭ありません。もちろん「1年に２４０万円までで、1年に1回転だけ」でも「無いよりはあった方がいい」と思っています。しかし文字通り、「**無いよりはあった方がよい**」**というだけ**です。

世間には、こうした正しい情報をしっかりと発信する方があまりいらっしゃらないように感じます。私は「新ＮＩＳＡ制度が始まったから、株式投資をしなきゃ損！」のような昨今の空気感に、強い違和感を覚えます。

このことについては、この後もう少し掘り下げていきますが、その前に「新ＮＩＳＡ制度」と従来の「ＮＩＳＡ制度」を簡単に比較しておきましょう。

なぜ「ＮＩＳＡ制度」は流行《はや》らなかったのか

「『新』ＮＩＳＡ制度」という名称ですから、「新」ではない、「旧」のＮＩＳＡ制度があったのです。２０２３年12月31日までの制度のことを「ＮＩＳＡ制度」といいます。

私はもともと「ＮＩＳＡ制度」は利用していなかったですし興味もなかったので、解説がやや荒削りになってしまうのですが、概要を書いていきます。

「ＮＩＳＡ制度」において、投資信託ではない普通の株式投資の売却益が非課税になったのは「投資額が1年に１２０万円までで、１回転だけ」というものでした。そして「非課税になるのは、５年まで」という保有期間の上限がありました。また「ＮＩＳＡ制度」そのものも、有効期間が限られている「時限措置」でした。

要するに、「新ＮＩＳＡ制度」と従来の「ＮＩＳＡ制度」の違いは、
「新ＮＩＳＡ制度」が
①　投資枠が拡大したこと
②　１回転させた後でも、翌年には非課税枠が再利用できること
③　保有期間の上限が撤廃されたこと
④　制度が恒久化したこと
の４点に集約されます。

そもそも「ＮＩＳＡ制度」が今から10年も前の２０１４年から存在していたことを知らなかったという方は多いのではないでしょうか。

なぜ、「ＮＩＳＡ制度」は「新ＮＩＳＡ制度」ほど注目されなかったのか。それには、少なくとも次に挙げるような理由があると私は考えています。

- ２０１４年当時は、日経平均株価の水準があまり高くなかったから
- 株式投資そのものが現在よりは、まだ一般に受け入れられにくい存在だったから

・2014年というのは、2019年に「老後2000万円問題」が騒がれる前だったので、資産運用の必要性を国民が痛感していなかったから
・2014年当時は、2023年の年初以降に比べて物価のインフレが起こっていなかったから

このように**当時の国民が、資産運用をまだ身近に感じていなかったということと、「NISA制度」のメリットが少なかった**ということが、「NISA制度」が流行らなかった大きな要因として挙げられます。

しかし政府は「貯蓄から投資へ」をスローガンに掲げています(なお、政府が2001年から「貯蓄から投資へ」をスローガンに掲げているのは株式市場を活性化させたいからですし、老後の資金を自己責任で賄わせることによって年金の先細りを国民に受け入れさせたいからです)。

そこで一計を案じて出てきたのが、「新NISA制度」です。

前述したように、「新NISA制度」のメリットもたいしたことはないのですが、「NISA制度」のショボさに比べれば、「新NISA制度」はいくらかマシにはなっています。

「新NISA制度」ブームに乗るのは損？

日経平均株価が上がってきていることもあり、政府の思惑通り「新ＮＩＳＡ制度」は大きな話題となって、株式市場への新規参入者や「返り咲き投資家（＝昔は株式投資をしていたけれど、最近はしていなかった個人投資家）」が２０２４年になって大挙して株式市場に資金を投下し始めたようです。

私が最も危惧しているのは「その、株式投資を始めたタイミングが、日経平均株価がすでにかなり高い水準になってからだった」ということです。

私は、日本ではこれからも趨勢的《すうせいてき》なインフレが続くと考えていますので、日経平均株価は4万円どころか、5万円や6万円になっていく未来もあると考えています。決して楽観的とか強気とかではなく、それが「インフレ」というものだからです。

たとえば、日経平均株価の水準が２０２３年の2倍の6万円になったとしたら、それと並行して、喫茶店の珈琲代も２０２３年の５００円の2倍の１０００円になる。これが「インフレ」を前提とした経済社会です。

ですから、株式投資のような「インフレ対抗力がある経済活動」は早晩、始めておかないとインフレに負けてしまうのです。「インフレに負けてしまう」というのは、正確にいうと、「実質的な購買力が日減りしてしまう」ということです（「インフレ負け」の詳しい説明は105ページにあります）。

ですから、インフレに負けてしまわないためにも、株式投資を始めておかなければならないわけなのですが、さりとて、株式投資を長年続けてきている私からすると、「何も、今このタイミングで始めなくても、もう少し割安なタイミングを待ってから始めた方がよいのでは!?」と思うのです。

「非課税や税の優遇」はただのオマケ

そもそも課税制度における「非課税や税の優遇」というのは、「オマケ」なのです。

私は「税務会計論」を専攻して日本で修士論文、イギリスで博士論文を提出していますし、税理士の資格も保持しています。また、東北大学の助教授・教授時代には税務会計論講座を担当していましたから、色々な課税制度をみてきています。それらの経験に基づいて私が至った結論は、「**課税制度における非課税や税の優遇というのは、オマケでしかないと思っておいた方がよい**」ということなのです。

「**新NISA制度」に限らず、たとえばいわゆる「住宅ローン控除」もオマケです**。なので、住宅を取得する際に第一に考慮すべき点は「家が必要かどうか」で、税額控除が一番の理由になってはいけません。

なぜ国がオマケをくれるのかというと、住宅取得の促進は強力な経済活性化策になるからです。「新NISA制度」も、国が「貯蓄から投資へ」という資産形成の自助努力を後押ししたいから、オマケをくれるのです。

投資には始めるべきタイミングがある

つまり私が一番強調したいのは、「**新NISA制度にほだされて、高値づかみをしてしまう方がよっぽど大問題なので、たいしたことない非課税制度にほだされるのではなく、しっかりと株式投資の勉強をしてから始めた方がよいですよ**」ということです。しかも、「新NISA制度」は恒久化されましたから、慌てて株式投資を始める必要はないのです。

株式投資は、株価が割安な時に買い始めるのが基本のキです。

日経平均株価は、4万円前後でいったん調整する（＝やや下落気味になる）でしょう。2024年3月時点の企業業績の水準から判断する限りでは、それが妥当な株価推移だからです。

とはいいつつも、この本が世に出るころの日経平均株価が4万円を超えてどんどんと上がっていたとしたら……それは「強いインフレの予兆」ですから、その後に来るのは厳しいインフレによる生活苦です。それこそ、かなりヤバいですね。

正常な経済状況の下では、日経平均株価といった「一国の経済指標」が一方向にどんどん進んでしまうことはあり得ませんし、好ましくもありません。であれば、株価が安くなる局面もあるはずですから、「新ＮＩＳＡ制度」の導入とは関係なく冷静に、割安なタイミングを図るべきです。

「新ＮＩＳＡ制度」にうってつけの投資銘柄

第4章で述べますが、私の投資手法は「定量的要因」（数値で分析できる要因）に重き

を置いています。

しかし世の中の多くの方は、株式投資をする時に「定性的要因」（性質的なことに基づいた要因）に重きを置いているようです。

「何をやっている会社か」、「社長の優秀さや理念」、「成長しそうな分野かどうか」といった「定性的要因」を主軸にして、あれこれと思考を巡らせながら投資対象の会社を選んでいます。これを、「定性的アプローチ」といいます。

一方、「定量的アプローチ」は「数字の世界」ですから客観的ですし、一定の手法を身につけてしまえばかなりの程度で再現性も確保できます。そのため、株式投資では「定量的アプローチ」の方が上手くいきやすいのです。

しかしそんな**「定量的アプローチ好き」の私が今、唯一注目している「定性的要因」があります。それは「インド関連」です。**向こう10年かそれ以上の間に、インドが爆発的に成長しそうだからです。これには、経験に基づく明確な根拠があります。

２００４年ころから２０２０年に新型コロナウィルス感染症が蔓延するころまでの16年間で、中国経済は爆発的に成長しました。新型コロナ不況と不動産不況により、２０２１

年以降の中国の経済成長は明らかに鈍化しましたが、そうなるまでの勢いには目を見張るものがあったのです。そしてその爆発的成長を遂げた2004年ごろの中国と2024年のインドは、その「成長の熱気」という点における雰囲気が非常に似ているのです。

著名な投資家であるジム・ロジャーズ氏の新著『2030年 お金の世界地図』(SBクリエイティブ)では、「インドは中国とは色々な面で異なり、社会制度などにも問題が多いので、あまり高く評価していない。モディ首相の政権運営に失望して、持っていたインド株は売ってしまった」と述べています(同書59~64ページ)。そんな同氏も、「今や中国を抜いて世界一の人口大国となったインドは、人口ボーナス期の恩恵を受け、経済成長のまっただ中にある」と述べています。

私は、この「人口ボーナス期」に着目しています。「人口ボーナス期」とは、「人口が増える時期には、それに伴って経済も成長する」という意味です。そしてこれは向こう数年~10年は続くでしょう。人口構成というのは、1年や2年で急に変わりはしないからです。ですから私は、この「インド関連」は息の長い「相場の柱」になると直感しているのです。

なお、インドは成長が見込める国だからといって、インドに上場する企業の株を買うのはおすすめできません。ジム・ロジャーズ氏も述べているように、インドには社会制度などの面で色々な問題もあるようですし、そもそも（私が調べた範囲では）インドの市場に上場する株を日本人が直接買うことはできないようです。成長が著しい国家では、資本を海外から入れたくないのかもしれません。

ですから、私がおすすめするのは「日本×インド」、すなわち「インドに進出している日本企業」のうち、安全性が高い企業の株を買うことです。そうすることで、インドの社会的な問題も加味した上で、インドの経済成長の恩恵を受けることができると考えるのです。

さて、先ほど「新ＮＩＳＡ制度はたいしたことはないので、タイミングを熟慮することが大事です」と述べましたが、そんな中でも「新ＮＩＳＡ制度」にうってつけの投資を考えると、実はそれこそが「インド関連銘柄への長期投資」です。

「インド関連銘柄」と一口にいっても、さまざまな銘柄があります。「インド関連銘柄」で検索するだけでも山ほど出てきます。その中で**私が注目しているのは「スズキ（7269）」です**。皆さまご存じ、自動車メーカーのスズキです。

この会社は財務的にも健全で、国際的にみても優良な銘柄ですし、何といっても、大企業の中でインドに進出した草分け的な企業です。「インド関連銘柄」には他にも「ダイキン工業（６３６７）」などの優良企業がありますが、株価が比較的割安な水準にある「インド関連銘柄」の代表格がスズキです。

ただし、このスズキの配当利回りは２０２４年3月末の時点では2％未満で、あまり高くはありません。市場参加者が「成長株である」と見なしている銘柄は株価の値上がり（キャピタルゲイン）への期待が大きいため、配当利回り（インカムゲインの利回り）は、どうしても低めになりがちなのです。

「1年以上保有する銘柄」には大きなメリット

さて本章の最後に、もし私が「新ＮＩＳＡ制度を上手に使いこなす」とするならば、考えるであろうスキームをご紹介していきます。

まずは、スズキの株を毎年２４０万円ずつ買います。スズキの株価は２０２４年3月上旬現在、「６６００円前後」で推移しています。そして、スズキは２０２４年3月31日

（曜日の関係で、実質的には同年3月29日）を基準日として、1株につき4株の割合で株式分割をすることが決まっています。

2024年3月上旬現在の株価よりも、たとえば1割くらい下がった6000円を買いの目標株価にするとします。そしてそれが4分割されると株価は1500円になるので、240万円なら1600株買えるということになります（手数料は度外視した概算です）。これを、たとえば16年保有し続けます。

中国経済は16年で24倍になったので、インドも16年で24倍になるとすれば、スズキもかなり成長するでしょう。スズキの商圏はインドだけではないので、24倍とまではいかないでしょうけれども、10倍くらいになるのは、まんざら夢でもないかもしれませんね。まさに「テンバーガー」（短期間に株価が10倍に値上がりした銘柄のこと）です。

もしそうなったとしたら、単純計算で240万円は2400万円になるので、2160万円もの利益が得られます。**これに対する税額は、現行制度ではおよそ439万円にものぼりますが、「新NISA制度」を活用すればこれを非課税にできるのです。**

しかも、これは「1年分」でしかありません。たとえば向こう5年にわたってこれを続けて、16年後にスズキの株価が10倍になったとすると、スズキ株の総資産額だけで軽く1

億円を超えますし、節税額も軽く2000万円を超えます。

これはもはや「オマケ」とはいえませんね。「新NISA制度」による非課税の240万円は「成長投資枠」という名前です。ですから、こういった「成長株」と見込まれる株を長期的に保有し続けて、たっぷりと非課税にしてもらうことこそが、「新NISA制度」を有効的に活用するということなのだと思います。

より掘り下げて考えれば、「1年で1回転までが非課税」なのであれば、1年周期で高値で売って、安値で買い戻すことを繰り返すのが最も節税額（と利益額）が大きくなるのです。

しかし、そういうことを上手くやってのけるのは上級者でもなかなか難しいので、「新NISA制度の成長投資枠は、長期保有」と決めて長期投資で巨額な利益を得て、それを非課税にするのが、最も楽で、かつ非課税の効果を最大化できる活用方法でしょう。

「新NISA制度」は「株式投資を始める理由」ではなく、「少なくとも1年以上保有する長期投資による多額の利益を非課税にできる」ということに、その本質があるのであろうと考えています。

２０２４年の年初に話題になった「新ＮＩＳＡ制度」に関する私なりの見解は以上です。ご参考になりましたでしょうか。

お待たせしました。次章から株式投資の必勝講座を始めますよ。

第4章

初心者必見！科学的に正しい「株式投資の必勝講座」

株式投資で負けないための原理原則

唐突ですが、株式投資には「負けない方法」という黄金律があります。その原理原則は非常にシンプルなのですが、ほとんどの方は実践していないため、負けてしまうのです。

では、その原理原則とはなにか——第4章と第5章では、これから株式投資を始める方にも、投資熟練者の方にも役立つ情報をお伝えしていきます。

私は2005年4月16日からインターネット上で、株式投資の情報を配信する「兜町大学教授の教え」というオンラインサロンを運営しています。

2021年の3月に青山学院大学の教授を早期退職するまでは、このオンラインサロンの運営が私の副業でした。大学教授を辞めた現在もこの仕事は続けています（興味のある方は、「兜町大学教授の教え」をキーワードにして検索してみてください）。

正確な記録が残っている過去11年間の、このオンラインサロンで配信した銘柄情報の成果は、

136戦　130勝1敗5引分

です。

本書では、株式投資で利益を得ることを「勝つ」、損失を計上することを「負ける」という言葉で表していきます。損益トントンで売り抜けた事例が「引分」です。

この成績はデイトレ（デイトレード）によるものとは別で、通常の株式投資の有望銘柄情報を、私がオンラインサロンで配信したものの成績です。その詳細は、

http://www.prof-sakaki.com/zemi/results.html

に掲載してあります。

株価が2倍や3倍になるような大儲けは決してありませんが、地道に「勝ち」を重ねてきています。

さて、この第4章ではまず、日本経済の推移をお伝えしていきます。株式投資を上達す

るには必ず知っておくべき基礎知識です。少し難しいかもしれませんが、ぜひともくらいついてきてください。

さらに、株式投資で負けない方法の基本コンセプトをつまびらかにしていきます。これでもか！　というほどわかりやすく書いていきますので、初心者の方はぜひ参考にしてください。

そして第5章では、株式投資で負けない銘柄選びと売買の具体的な手法について解説していきます。ただし具体的な方法論につきましては、私の既刊本に譲ることとしていますので、ここにはこれまで書いてこなかった「コンセプト（概念論・考え方）」を中心に書き下ろしてまいります。

続く第6章では、「定年を迎えたら『とにかく明るいデイトレ』！」と題して、「負けないデイトレ」について解説していきます。この「負けないデイトレ」は、この章で解説する「株式投資で負けない方法」と基本コンセプトは同じなのですが、「サカキ式デイトレ」に特化した方法論について解説しています。

ただ、デイトレができる状況にある人は少数派でしょうから、この第6章ではデイトレの要点だけを短く書きます。

ではさっそく、日経平均株価に関する基礎知識について学んでいきましょう！

日経平均株価に見る6つの転換期

株式投資を行う前の基礎知識として、絶対に知っておかなければならないことがあります。それは、**日経平均株価の過去40年の推移と、それが物語る「日本経済の真実の歩み」です**。

日本の株価はどういう時に上がって、どういう時に下がるのか。そして、現在はどういった状況で、今後はどうなっていくのかを考えていくには、過去の経緯を知ることが不可欠です。

これまで、日本株のことや政治経済に興味がなかった方には少し難しいかもしれませんが、テレビのニュース番組の解説を聞くような感じで読み進めてみてください。

まずは、日経平均株価の月足チャート（１本が１ヶ月の株価チャート）をお示しします。

１９８０年からの過去44年分です。

この44年間は、次の６つの期間に分けることができます。

❶１９８９年末までの真性バブルの生成期（上昇期）
❷２００３年４月までの真性バブルの崩壊期（下落期）
❸２００７年７月までのプチバブルの生成期（上昇期）
❹２０１２年末までのプチバブルの崩壊期（下落期）と、リーマン・ショックと民主党政権下での株価低迷期（低迷期）
❺２０２２年末までの官製の資産インフレ期（上昇期）
❻２０２３年初以降から現在までの本格的なインフレ期（上昇期）

それぞれについて、株式投資をする上で必要な知識にしぼって解説します。

❶のフェーズ：１９８９年末までの真性バブルの生成期
――２０２４年２月まではバブルではなく「高値圏」

いわずとしれた日本経済の急成長期です。１９８７年10月のＮＹ（ニューヨーク）市場のブラックマンデーによる一時的な急落を挟んで、１９８９年末までは株価が右肩上がり

日経平均株価の過去 44 年分の月足チャート（月末終値ベース）

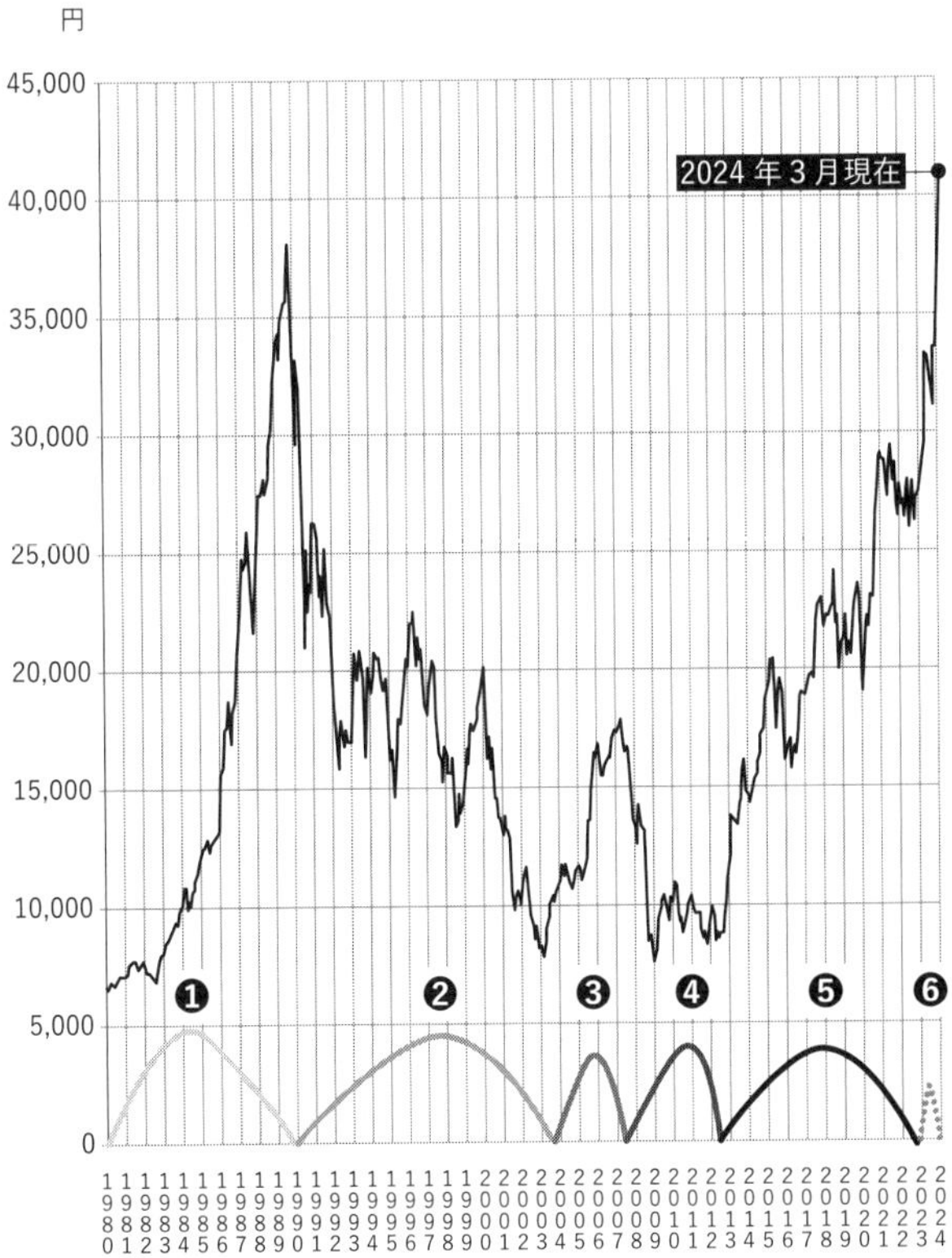

（出典：https://honkawa2.sakura.ne.jp/5075.html）

でした。これが世にいう「平成バブル」の生成期です（以下ではこれを「真性バブル」と記します）。

ここで重要なことを指摘します。

２０２３年の年末辺りから日経平均株価が上昇していく過程で、何度も何度も報道されていたのは、「34年来の高値」とか「バブル超えの史上最高値」といった言葉でした。しかし、そういう言説はほとんど意味はありません。

なぜかというと、**１９８９年末当時と現在とでは色々なことがあまりにも異なるからです**。１９８９年末の最高値は「３万８９１５円」でしたので、日経平均株価がこれを超えると「バブル超えの史上最高値」と表現されていたのですが、当時と現在とでは単純に比較できないポイントが多くあります。

〈比較できないポイント　１〉

１９８９年当時の日経平均採用銘柄は、現在と比べて約３分の２の銘柄が入れ替わっている。

〈比較できないポイント　２〉

１９８９年当時の日経平均の「ＢＰＳの値」と「ＥＰＳの値」はかなり低い（ＢＰＳの値とは「１株当たりの純資産の額」を、ＥＰＳの値とは「１株当たりの純利益の額」を意味します。「純資産の額」とは企業の総資産の額から負債の額を引いた金額を、「純利益の額」とは、企業の総収益の額から費用と損失の総額を差し引いた利益を意味します）。

〈比較できないポイント　３〉

「実質実効レート」という為替相場の実質的なレートが、１９８９年当時と現在とでは異なる。

こういった極めて重要なポイントにおいて、背景にある数値が全く異なるにもかかわらず、１９８９年末の「真性バブル」の高値と現在の日経平均株価の値を単純に比較してしまうのは、ほとんど意味がないのです。

このことについて、さらに詳しく書いたものを私のサイトに掲載しています。ご参考までにご一読ください。

http://www.prof-sakaki.com/zemi/merumaga/detail_256.html

の後半の［2］の記述です。

要するに、1989年の年末に日経平均株価が3万8915円だった当時はすさまじいバブルだったのです。**2024年でいうと、日経平均株価が14万6000円ほどになっているのと同じくらいの異常さです。**

1989年の年末に異常なまでにバブった日経平均株価（3万8915円）をPBRの値とPERの値を基にして正常な水準に見立てると「9500円くらい」になります。当時はめちゃくちゃのバブルになっていただけなので、それはもう「無かったもの」と考えなければ適正ではありません。1989年末の日経平均株価は、正常な水準から「4倍も」バブっていたのですから。

つまり1989年の年末の異常な高値（3万8915円）を「無かったもの」として考えてみると、**2024年2月22日よりずっと前から、日経平均株価の史上最高値は更新され続けていたのです。**

こういった認識を伝えるような報道が全くされていないので、株式投資初心者の方だけでなく、多くの日本人が誤った認識をしています。

ただし、「史上最高値」とは、「日経平均株価の水準が高すぎて危ない」ということを意味するわけではありません。２０２４年３月時点の日経平均株価の水準は１９８９年の年末の異常なバブルの時代とは異なり、理論的に適正な範囲を逸脱してはいないからです。理論的に見ると、「高値圏だな」という程度です。

むしろ、**日本もやっと世界経済と足並みが揃ってきましたので、これからはインフレ経済が前提になると考えられます**。ですから、日経平均株価は「一定の幅での上下動を繰り返しながら、緩やかに上昇していく」と考えるのが、理論的には正しい認識です。

これは決して強気だとか楽観的だとかではなく、世界の潮流である「インフレ」を前提に考えた理論的な答えです。

株価というのは「企業価値を数値化したもの」であり、企業は成長するのが自然なことです。企業の主な目的は利潤追求と継続発展であり、赤字を続ければ淘汰《とうた》されます。ですから、企業の資本（これが企業価値の原点です）は成長し続けます。そして、日経平均株価も企業の成長に合わせて上昇していくのです。ＮＹダウもそうなっていますし、日経平均株価も１９８０年代後半のバブル期を除けば（というか適正水準に修正して考えれば）、戦後の証券取引所開所以降、ほぼ直線的に（正確には複利増殖的に）上昇しています。

これからの日経平均株価は「緩やかな右肩上がり」が基本路線です。それが「世界の常識」だからです。

繰り返しますが、これは決して強気だとか楽観的だとかではなく、理論的で客観的な見解です。また、「34年ぶり」にも「史上最高値」にも意味はありません。そういった言説には目もくれず、足下の企業業績や金利水準、為替の動向といった各種の指標をみながら先行きを判断していくことが株式投資に対する適切な姿勢なのです。

❷のフェーズ：2003年4月までの真性バブルの崩壊期

——「失われた30年」はとっくに終わっている

「失われた30年」という言葉をよく耳にしますが、**実は日本の株式市場において「失われた」のは、「30年」ではなく「13年と4ヶ月」です。**

２００３年４月末に日経平均株価が「７６０７円」を付けたところで、デフレ経済はいったん終焉《しゅうえん》を迎えているのです。

２０２４年の２月になってもなお、「デフレ脱却」などというトンチンカンな言葉を総理大臣までが口にしていましたが、今どき「デフレ脱却」などという時代錯誤なことを口にする人は、完全なる「経済音痴」だといわざるを得ません。デフレ経済は21年も前にいったん終わっているのですから。

③のフェーズ：2007年7月までのプチバブルの生成期
――資産だけでなく物価も上がった時代

2003年4月末の「7607円」から2007年7月の「1万8261円」までの間に、日経平均株価は2.4倍になっています。この時期には東京都心の地価も2倍くらいになったりして、まさに「プチバブル」状態でした。

この時の「プチバブル」は、主に「資産バブル」を意味します。「資産バブル」というのは、「不動産や株式といった資産系のものの価格だけが大きく上がる状態」を意味します。2023年からは「物価」（これは資産系のものではありません）も上昇し始めたので、「資産バブル」ではなく、**ものの価格も資産価格も上がる「インフレ」状態**です。

そのようなわけですので、不動産や株式といった資産系のものを持っていない方にとっては、プチバブルといわれても実感しにくかったかと思いますが、2003年4月末から2007年7月までの資産価格については、確かにデフレからインフレに転換していました。

しかしこの時期も派遣社員の割合は増え続け、正規雇用の人も含めた実質賃金の水準は減り続けていましたので、資産系のものを持っていない多くの方々にデフレマインドが染みついてしまったのです。これが「失われた30年」という誤った認識を生み出してしまった原因だと思われます。

❹のフェーズ：2012年末までのプチバブルの崩壊期と、リーマン・ショックと民主党政権下での株価低迷期
――日本だけが「1人負け」になった理由

2007年の夏ごろから、アメリカで「サブプライムローン問題」が発生しました。

アメリカにおいて不動産価格が右肩上がりだったことに目を付け、返済能力が高くない人達（通称「サブプライマー」）にまで無理矢理ローンを組ませて住宅を買わせたのです。その後不況に突入して不動産価格が下落に転じるや、住宅ローンを返せなくなる人が激増したというのが「サブプライムローン問題」です。

この「サブプライムローン問題」に端を発して、アメリカ経済は右肩下がりになりまし

た。挙げ句の果てに、サブプライムローンを中心として組成された債券の暴落により、２００８年９月15日に、歴史と伝統のある投資銀行の「リーマン・ブラザーズ」が破綻し、世界中の株価が暴落しました。これがリーマン・ショックです。

日経平均株価は２００８年10月28日に「６９９４円」まで下がり、いったんはリバウンド（反騰《はんとう》）したものの、２００９年３月９日に「７０２８円」で二番底を付けました。以降、世界の株価は堅調に右肩上がりで回復していきました。２００９年以降のＮＹダウの株価チャートを見ていただけると一目瞭然なのですが、２００９年３月以降、ＮＹダウの株価は明確に右肩上がりになっています。

そんな中で、日本市場だけは、４年２ヶ月もの間、日経平均株価が７０００~１万１４００円という低い水準で停滞していました。２００９年８月31日に政権交代が起こり、経済音痴の塊のような民主党政権が続いたため、日本株は完全に出遅れたのです。

⑤のフェーズ：２０２２年末までの官製の資産インフレ期
――日本政府が財政破綻をしないためにはアベノミクスしかなかった

２０１２年12月に政権が民主党から自由民主党に大政奉還され、そこから「アベノミクス」が始まりました。政府は大規模な（次元の異なる）金融緩和を行い、「為替を円安に誘導する」「法人税率を引き下げて企業業績を後押しし、GPIFのポートフォリオを見直して日経平均株価を釣り上げる」といった、まさにコテコテの「インフレ政策」を次々に打ち出しました。

これをもっとわかりやすく説明すると以下のようなことです。

政府の意向を忖度《そんたく》し、日銀は大規模な金融緩和、つまり金利を大幅に下げました。金利の水準が下がると、その通貨を持っていることで受け取れる金利も下がるので、通貨の価値が下がります。これが円安です。

そして、それに伴い法人税率も下げました（その代わり消費税率を上げました）。法人税率が下がると、税引き後の利益は増えます。このようにして、企業業績を改善させました。

またそれと同時に、GPIFという年金積立金管理運用独立行政法人の資金配分（ポートフォリオ）を見直し、日本株の持株比率を上げました。これによって、GPIFが日本株をたくさん買うようになったので、日経平均株価の上昇を後押ししたのです。

このようなコテコテの「インフレ政策」によって、日経平均株価は２０１２年10月15日の「８４８８円」を大底にして長期的な上昇基調に転換しました。以降、ずっと継承されています。

「アベノミクス」の功罪について色々と議論されてきましたが、善し悪しはともかく、私は日本の国家財政が破綻しないようにするためには「これしかなかった」のであろうと考えています。

国家財政が破綻しそうな国は、国際社会から締め出されます。他国から相手にされなくなるのです。国際社会からパージされない（締め出されない）ようにするためには、１２００兆円を超える「国家債務の実質的な価値を目減りさせる」というのが至上命題で、そのためには何としてもインフレを推進するしかなかったのです。

安倍晋三元総理が「アベノミクス、この道しかない」といったのは、このことを意味していると私は瞬時に解釈しました。

２０１２年12月から２０２２年12月までの10年間で、チャイナショック（２０１５年8月）、Ｂｒｅｘｉｔ《ブレグジット》（２０１６年6月）、コロナショック（２０２０年2月）、ロシアによるウクライナ侵攻（２０２２年2月）といった事変もあったので、一概にアベノミクスの功績とはいえませんが、日経平均株価は「6994円」（2008年10月28日）から「2万6094円」（2022年12月30日）まで、14年と2ヶ月で「3・73倍」になりました。まさに「資産インフレそのもの」です。

⑥のフェーズ：2023年初以降から現在までの本格的なインフレ期
――いよいよ始まった物価の値上がり

そして2023年の年初からは、資産インフレだけではなく、日本の物価もいよいよ明確に上がり、本格的なインフレ期に突入しました。日経平均株価も2023年の年初からほぼ一直線に上昇し、2024年3月22日に「4万1087円」まで上昇しました。日経平均株価はたったの1年2ヶ月あまりで「1・57倍」になっています。

これと同時期には、物価も跳ね上がっています。政府が発表する物価上昇率は3％台とか4％台ですが、皆さまは明らかにもっと高いインフレ率を体感していることでしょう。本格的なインフレ期の到来です。

日経平均株価は上下を繰り返すでしょうが、2022年以前のような「2万6000円以下」の株価水準になることは、一時的な例外を除けばもうないでしょう。そういい切れる根拠は、日経平均のＢＰＳの値です。日経平均のＢＰＳの値が、２０２４年４月１日の時点で「２万６０１５円」なので、それを割ることは、普通に考えればありそうもないのです。

インフレ期に投資をしないと、損をする

ここまで、過去44年間を６つのフェーズでとらえてきました。

ここからは、日経平均株価の推移をさらに理解していただくために、「大きな２つのステージ」でとらえなおしてみます。

なぜなら、日経平均株価を「大きな２つのステージ」としてとらえることが、日経平均株価の**これからの動向**を考えていく上で重要な布石となるからです。これは株式投資の中級者や上級者の方はもちろんのこと、初心者の方にも知っておいていただきたい重要なことですので、しっかりと説明します。

１つ目のステージは、１９８２年から１９８９年末までの「真性バブルの生成期」と１

990年初から2009年3月までの「バブル崩壊期（デフレ期）」です。

1989年末に3万8915円を付けた日経平均株価は、2008年10月末に6994円で歴史的な大底を付け、2009年3月上旬に7028円で「二番底」を付けました。

そして**2つ目のステージは、「民主党政権下での株価低迷期」と2012年12月から現在まで続く「インフレ期」**です。

このように俯瞰《ふかん》した目線で日本の株式市場をとらえると、日本経済がデフレ期にあったのは、前述の「13年4ヶ月」より長くとらえても、1990年初から2009年3月までの「19年3ヶ月」なのだとわかります。つまり、少なくとも株式市場については、世間でよくいわれている「失われた30年」は誤りで、長くとらえても、「失われた約20年」が正しいのです。

そして2009年4月から2012年末までの株価低迷期を経て、アベノミクスによって株式市場はインフレ期に転換しました。インフレというのは世界の潮流ですから、これからも当分はインフレが世界経済と日本経済の基調となると考えておくのが妥当です。株式投資をする個人投資家は、インフレを前提として市場に臨む必要があるのです。

さらにいえば、**経済がインフレになる時代に株式投資をしていないと、時代に乗り遅れ**

て、「インフレ負け」してしまう危険性があります。

たとえば今、喫茶店のコーヒーが1杯５００円だとして、貯金が50万円あるとします。その貯金を全部つかえばコーヒーが１０００杯飲めますね。

しかし1年後にインフレがめっきり進んで、喫茶店のコーヒーが1杯１０００円になったとしたら、50万円の貯金ではそれを全部つかってもコーヒーは５００杯しか飲めません。これが「インフレ負け」です。インフレ期には、貯金を大事に抱えているだけでは損になってしまうのです。少し難しい言葉でいえばこの場合、貯金をしていた人は「購買力が半分になっている」のです。

もう今は、「株式投資をして儲けよう」という時代ではありません。**「株式投資をしておかないと、インフレ負けしてしまう」ので、購買力を維持するために株式投資をしておかなければならない時代**を私たちは生きているのです。

さてここからは、私が株式投資で実践した「負けない方法」をご紹介いたします。皆さまのご参考になれば幸いです。

株式投資で負けない株の買い方①

1つの銘柄にしぼらない

株式投資で勝ち続けるための究極の方法は意外とシンプルです。難しい理論や独創的な手法は必要ありません。原理原則さえ押さえておけば、負けることはほとんどありません。順番に紹介していきましょう。

株式投資で負けないためには、**常に3つほど（多い時は5つくらい）の銘柄を持っておくこと（分散投資）が大切です**。これはリスク分散のためでもありますが、1つや2つの銘柄にしぼってしまうと全部が負け銘柄になってしまうこともあるので、それを避けるためでもあります。

「1つや2つの銘柄にしぼってはいけない」というのは一見、当たり前のように思えるかもしれませんが、特に初心者の方はこういったミスを犯しやすいので要注意です。

というのも、初心者でなくとも「これだ！」という銘柄を見つけた瞬間に、自分の資金を一気に投じてしまうというのは意外と「あるある」なのです。

また、「一気に」は投じなかったとしても、株価がじりじり下がっていくにつれてどんどんと買い足してしまい、気づいたら資金のほとんどを1つの銘柄に投じてしまっていた、ということもよくあります。何を隠そう、株式投資歴37年の私でも、少し前までこれをやらかしていました（苦笑）。「おいおい、またやっちゃったなぁ！」と独りツッコミを入れても後の祭りです。

こうなるのを防ぐには、**「1つの銘柄に投じる金額は最大〇〇万円まで」というように「上限額を決めておくこと」が必要です。**

株式投資で負けない株の買い方②
損切りをしなくてもよい銘柄だけ買う

これは一言でいえば、**「優良企業の安値圏」しか買わない**ということです。これに尽きます。これに徹していれば、買った後に株価が下がったとしてもほぼすべての事例で、株価は買い値か、それ以上に戻ります。ですから、損切りはしなくてもよいのです。

ところで、皆さまはご存じでしょうか。株価というのは、**自分が「これは安い！」と思って株を買っても、そこから「1～2割下がるのは当たり前」だということを。**

そしてその代わりに、**買い値から「1～2割上がるのも当たり前」なのです**。株価というのは、そういうものなのです。株式が「リスク資産だ」といわれる所以《ゆえん》はここにあります。「リスク資産」というのは、「危ない資産」という意味ではありません。ファイナンスの用語では「リスク」というのは、「値が動く」という意味です。

ですから、買ってから「1～2割下がる」のは往々にしてあることなので、優良企業の株を安値圏で買い、たとえその株価が下がったとしても、それを継続して保有しておけば、かなり高い確率で半年から1年で株価は買い値以上に戻ります。

私が手がけた銘柄の多くは、買い値から1割も下がらずに上がっているのですが、時には1割以上、もしくは2割くらい下がってしまう銘柄もあります。しかしながらそのほとんどすべての株価は、半年から1年で買い値以上に戻っています。

なぜなら、そもそもの投資対象が優良企業のみである上に、PBR・PER・ROE・配当利回りといった定量的なファンダメンタルズ分析と、日足と週足の株価チャートといったテクニカル分析も考慮に入れて、かなり割安圏で買っているからです。

〈用語解説〉

- ＰＢＲ――株価純資産倍率。「株価÷純資産」で算出
- ＰＥＲ――株価収益率。「株価÷純利益」で算出（純利益は原則として「予想値」を用いる）
- ＲＯＥ――自己資本利益率。「純利益÷純資産」で算出
- 配当利回り――「予想配当額÷株価」で算出
- 定量的なファンダメンタルズ分析――ＰＢＲ・ＰＥＲ・ＲＯＥ・配当利回りを中心とした定量的な要因を用いて分析すること
- テクニカル分析――株価チャートを用いて分析すること

なお、銘柄選別にはファンダメンタルズ分析を主に用います。そして、買い値と売り値の決定には、ファンダメンタルズ分析とテクニカル分析の両方を用います。

株式投資で負けない株の買い方③
安定高配当銘柄しか買わない

時には、株価が半年か1年ほど沈みっぱなしの銘柄を買ってしまうこともあります。そ

ういった場合のためにも、安定高配当銘柄の安値しか買わないようにするのです。

原則として、**配当利回りが手取りで3％以上の銘柄しか買わないので、株価が半年か1年ほど沈みっぱなしになってしまった場合でも、年率で3％以上の運用には成功するのです。**「年率で3％以上の運用」ができていれば、運用としてはまぁまぁ成功しているといえるでしょう。

コロナショックの時のような、歴史的にみても恐慌的な状況においては配当が減額されてしまうこともありますが、その場合でも、もともと安定高配当を指向している企業というのは恐慌的な時期が過ぎれば再び増配基調に転じますので、2～3年で株価は元に戻ります。

その典型的な事例は「キヤノン（7751）」です。コロナ前（2019年12月期）までは1株当たりの配当額を160円まで順調に増配してきていましたが、コロナ期（2020年12月期）に80円まで半減してしまいました。しかし、今や150円（2024年12月期予想）にまで戻してきています。

この株価は、減配前までは「2800～3200円」が安値圏でしたが、新型コロナによる減益と配当額が半額になったことにより、2020年10月には株価もほぼ半額の「1

６２７円」まで下がっていました。しかしこれが大底となり、２０２４年３月には「４６０３円」まで上がりました。

安定高配当銘柄への投資では、株を購入する前に10年か15年くらい遡《さかのぼ》って、その企業が支払ってきた配当額の履歴を調べる必要があります。そして、一時的に高い配当を支払っているだけの会社は避けましょう。そういう会社はすぐに減配に転じてしまうからです。安定的に配当を支払い続けてきた企業というのは、一時的な例外を除けば、配当を重視する企業ですから、業績が一時的な低迷期を脱すれば配当額も元に戻ると考えられるのです。

株式投資で負けない株の売り方「後出しじゃんけん」

ここで紹介する株の売り方は、いたってシンプルです。**常に3～5つくらいの銘柄を持っておいて、「今売ると、損」になる銘柄を売らなければよいだけ**の話です。

これは「後出しジャンケン」と同じ法則です。相手が「グー」を出したら「パー」を、相手が「パー」を出したら「チョキ」を、相手が「チョキ」を出したら「グー」を後出しすれば勝ちです。これを延々と繰り返せば、負けることはありません。

すなわち、「**損切りはしない**」ことが重要なのです。

プロの投資家にも「損切りを推奨」する方がいらっしゃいますが、私はそういう意見には違和感があります。私とて株式投資歴は37年ありますから、損切りの重要性を知らないというわけではありません。しかし、敢えて「損切りはしない」というのが基本だと考えているのです。その代わり、優良企業の安値圏しか買わないことに徹するのです。

しかしそうはいっても、大多数の皆さまは

「やっぱり、3~5つの銘柄の全部が下がっちゃうことだっていっぱいあるし、そういうことの方が多いんじゃないの⁉」

とお思いのことでしょう。

それはそのとおりです。

そういう時は、売らなければよいだけです。デイトレの場合については第6章で解説することとして、通常の株式投資に関していえば、売買をしない日の方が圧倒的に多いです。

自分が保有しているすべての銘柄が安くなっている時に、無理に売る必要はありません。むしろそういう時は、資金があれば買い増しすればよいのです。

優良銘柄を見分けるコツ

「数値的なもの」を信用せよ

読者の皆さまはもう1つ思っていることがあるかと思います。それはズバリ、「ず～っと下がりっぱなしの銘柄を買っちゃったら、勝てる時は来ないよね」というやつですね。

それもそのとおりです。

そしてそういう銘柄（＝ず～っと下がりっぱなしの銘柄）を買わないようにする手法についてもこれから紹介していこうと思いますが、ページ数の関係で結論のみしかまとめられないので、詳しくは拙著『現役大学教授が教える「お金の増やし方」の教科書』（PHP研究所）をご参照ください。この本は少し古いですが、私の株式投資の手法をまとめた集大成です。

さて、勝ち続けるために最も大事なことは、「**定量的な投資手法に徹する**」ということでしたよね。

そもそも、株を買う時に最も「あるある」なのは

・儲かっていそうな会社
・成長しそうな会社
を探して、そういう企業の株を買おうというやつ（定性的アプローチによる投資手法）です。

そのやり方を否定はしません。当たればデカいですから。

でも、当たるか当たらないかは誰にもわかりませんし、そういったやり方の勝率は、半々か、せいぜい７：３で当たりの方が多ければ上出来なくらいです。

私は「半々か、７：３」くらいの勝率ではイヤなのです。１００％に近い確率で勝ち続けたいのです（過去11年のうち、通常の投資も過去２年半の間のデイトレも、１００％近く勝っています）。

そのためには、「定性的な投資手法」に見向きもしないようにするのが大切です。そして「定量的な投資手法」に徹するのです（第３章で述べたスズキ株への長期投資は、「新ＮＩＳＡ」投資のための極めて稀《まれ》な例です）。

「定性的な投資手法」が各企業の「性質」をみているのに対し、「定量的な投資手法」は各企業の「数値」をみるのです。

ある企業の「ビジネスモデルがよい」とか、「社長が優秀だ」とか、「将来性がある」とか、「時流に乗っている」とかは、「定性的な投資手法」でみるポイントです。

どれも正しい見方ですし、たしかにこれらの要因で株価は動きます。

しかし、それらの要因を基にして「１００％に近い確率で勝ち続ける」のは至難の業です。

これに対して「定量的な投資手法」に徹するというのは、「ＰＢＲ」「ＰＥＲ」「ＲＯＥ」「配当利回り」「株価チャート」といった「定量的なもの（数値的なもの）」に依拠して安値を検知し、その安値を狙っていく」ということです。そして一定の高値になったら、着実に売って利益を確定させます。

損をしない投資家は、ブームには乗らない

原則として「定量的な投資手法に徹する」のは、「定性的な面」から投資対象企業を選んでしまうと当たり外れがある上に、定性的な投資をする方はいわゆる「ブーム」に乗ろうとする方が多く、結果はなかなか上手くいかないからです。

「ブーム」というのは、「○○関連」といった「相場の材料」です。「相場の材料」とは、株価が騰落する「理由」です。

少し前であれば、「コロナ関連」とか「ワクチン関連」でしょうか。2024年3月現在は「AI関連」と、それに伴って「半導体関連」の銘柄が注目されています。こういった「定性的な面を重視した材料性の投資」は、上手いタイミングで乗れればよいのですが、「ブーム」が去ったらオシマイなのです。それも、いつ「ブーム」が去るのかは誰にもわかりません。

なお、第3章で「インド関連」に言及したのは、この「相場の材料」の息が長いと判断したからです。ここでいう「定性的な相場の材料に乗ってはいけない」とは、「息の短い相場の材料に乗ってはいけない」という意味なのです。

投資は博打じゃない

株式投資の世界では、定性的なアプローチ（何をやっている会社で、将来性や収益性が高そうかどうかを感覚的に捉える手法）が主流で、定量的なアプローチ（ＰＢＲ・ＰＥ

R・配当利回りといったファンダメンタルズ指標とチャートに代表されるテクニカル指標）は軽視されているような気がします。

たしかに、「ＡＩ」や「脱炭素」といったトレンド銘柄は「儲かっていそうだし、成長しそう」と思われるので株価上昇の期待が持てますし、実際に株価が上がる銘柄も散見されます。

しかしながら、「儲かっていそうだし、成長しそう」といったものは定性的なものなので主観的な判断によるところが大きく、株式投資にありがちな「儲かったり損したり」の結果をもたらします。確固とした判断基準がないからブレるのです。

それに比べて、定量的なアプローチには確固とした「数量的な判断基準」があります。ですから、結果があまりブレないのです。

減益や減配などのような定量的な要因がブレると、定量的なアプローチでも結果がブレることがありますが、それは避けられないこととして、臨機応変に対処するしかないのです。しかし、原則的に損切りはしません。インフレ期に優良企業の安値を買っていて、損切りするのはよほどの例外を除いて、理に適《かな》っていないからです。

ダメな企業を見分ける3つのコツ

「定量的な投資手法に徹する」とはいっても、「定性的な面」はいくらか考慮に入れます。そうすることで、**ダメな企業を投資対象から除外できます**。定性的にみて避けるべき企業や業種は、主に次の3つです。

(1) 不祥事を起こすような企業

冒頭の戦績の「136戦」の中の唯一の負けは「日立化成(現レゾナック)」という会社が不祥事を起こした時の損切りです(日立化成は2019年に昭和電工、現在のレゾナックHD[4004]に買収されました)。

買った株の企業が運悪く不祥事を起こした場合には、ごく例外的ではありますが、損切りをしてでも売り抜けます。なぜなら、不祥事を起こすような企業は社会的信頼を失ってしまうので、株価がどこまで下がるかわからないからです。

私の記憶の限りでは、37年に及ぶ長い株式投資の経験の中で、不祥事を起こすような企業の株を買ってしまったのはこの「日立化成」の1回しかないので極めて稀なことだと思いますが、念のため書いておきました。

（2）少子化で市場が縮小する産業に属する企業

18年くらい前に「秀英予備校（４６７８）」という学習塾の企業の株を買って、酷い目に遭いました。９年近く塩漬け（損失の状態で長期的に保有）しながら、何度もナンピン買い（買った株の株価が安くなった時に買い増しをすること）を入れては戻り高値で売るというのを繰り返しました。そして9年後にやっと、この銘柄の損益だけを通算したら少しだけプラスというところで売り抜けました。

２００６年当時、定性的なことをあまり考慮せずにこの銘柄を買ったことが失敗の素でした。やはり、「少子化で市場が縮小する産業に属する企業」の株を安易に買ってはダメですね。

そのため私は、**「定性的なこと」を「買う」銘柄を選ぶ根拠ではなく、「買わない」銘柄を選ぶ根拠**として考慮に入れています。

（3）人によって好き嫌いがある業種

たばこ産業の「ＪＴ（２９１４）」や、パチンコ産業の「ＳＡＮＫＹＯ（６４１７）」は、典型的な「人によって好き嫌いがある業種」に属する企業です。これらの2社は1株当たりの配当額が高いため、２０２４年3月の時点の株価はかなりの高値になっています。

しかしながら、「ＪＴ（２９１４）」は２０１６年2月の高値（４８５０円）から２０２０年7月の安値（１７９６・５円）までの4年間、株価が3分の1近くになるまで下落相場に見舞われましたし、その後も２０２２年10月までの計6年8ヶ月の長期的な株価低迷に陥りました。

「ＳＡＮＫＹＯ（６４１７）」は、２００８年6月の高値（１５０４円：株式分割後の株価）から２０２０年12月の安値（５１３・２円：株式分割後の株価）まで12年半の間、やはり株価が3分の1近くになるまで下落相場に見舞われました。コロナの悪影響を度外視したとしても、コロナショック前までの11年9ヶ月の長期にわたって株価は下落基調を続けていたのです。また、その後も２０２２年2月までは株価低迷が続いていました。

こうした、「人によって好き嫌いがある業種」に属する企業の株を買うのは、かなり慎重にならないといけないと思います。こういった企業は時として、配当利回りが6％を超えるといったように異様に高くなる時期があるのですが、配当利回りが税込みで「7％近く」になるまでは底値とはいえないので、注意が必要です。

「優良企業の株」を安い時に買う

株式投資で勝ち続けるには、「株価が沈みっぱなしになる銘柄を選ばないこと」が大切です。そうすることで、前述した「後出しジャンケン」で負けの手ばかり出さないようにすることができるようになります。

具体的には、**「優良企業の株を安値の時にしか買わない」**ことに徹すればよいのです。

「優良企業」とは、安定的に高配当を続けている国際優良企業と財務優良企業を指します。

この2種類の優良企業の選び方については、ページ数の関係から本書では説明しませんので拙著

『現役大学教授が教える「お金の増やし方」の教科書』

『60歳までに「お金の自由」を手に入れる！』

『60代を自由に生きるための　誰も教えてくれなかった「お金と仕事」の話』（ＰＨＰビ

ジネス新書)をぜひお読みください。

さて、なぜ「安定的に高配当を続けている優良企業の株しか買わない」のかというと、**「株価が安定的で底堅い(あまり大きくは下がらない)」**からです。つまり「**安全**」なのです。中長期の保有にしても短期売買にしても、ここが非常に重要です。

買った株の株価が下がってしまった時でも「優良企業の株」なら、安心して持っていられます。この安心がないと、不安になって損切りをしてしまうことになります。それさえしなければ、株式投資で負けることはありません。

そのため、「優良企業で安定的に高配当を続けている企業」の株を、「根拠のある安値」で買っておくのです。そうすれば、少なくとも「高配当」は受け取れます。手取りの配当利回りで「3~5%」くらいのものを買っておけば、株価がずっと下がっていても投資としては成功しているのですから、ドンと構えておけばよいのです。

なお、欲張ってはいけません。**現在のような低金利の時代には、手取りの配当利回りで「3~5%」もあれば、それは投資としては成功しているととらえるべきです。**

そしてここでの重要な点は、「**常に儲かってばかりではない**」ということです。すなわち、「含み損を抱えることも頻繁にある」ということです（「含み損」とは、売却して確定した損失ではないが、時価と買い値の差額がマイナスの状態を指します）。

これが「負けの手」であり、負けている（＝含み損を抱えている）うちは、売らなければ（＝損失を確定させなければ）よいのです。

「優良企業の株の安値」しか買っていないのですから、株価が買い値よりも下がっている時は保有を継続しておきましょう。後出しジャンケンでいうと、「負けの手」は引っ込めておいて、勝っているもの（＝含み益があるもの）だけを売ればよいのです（「含み益」とは、「含み損」の逆で、売却して確定した利益ではないが、時価と買い値の差額がプラスの状態を指します）。

失敗しない「ナンピン買い」のタイミング

買うべき企業を決めたら、次は買うタイミングです。

１４２ページに「優良企業で安定的に高配当を続けている企業」の銘柄リストを掲載し

てあります。**それらの企業の株価が一定の安値になったら買いを検討します**。

もしも買った後に株価がさらに安くなったら、最初の買い値から1割か2割安くなったところで「ナンピン買い」を入れます。優良企業の株価がものすごく安いのですから、買い増しするのは至極当然です。そして一定の高値になったら売ります。


実は、株式投資界の一部では「ナンピン買いはタブーだ」といわれています。しかしこれは、噂《うわさ》や勘だけで株を買ってしまった場合にのみ当てはまります。確かにそうしたケースでは株価がどこまで下がるかわからないので、ナンピン買いが裏目に出てしまうこともあります。

一般的な個人投資家は、そういった噂や勘に基づく買い方（これを「思惑買い」といいます）をしてしまいがちなので、「ナンピン買いはタブーだ。思惑がハズレたら損切りをしろ」という言説がまかり通るのです。

一方で、理論的なバックボーン（ファンダメンタルズ分析とテクニカル分析）をもって優良企業の安値を買った場合には、買い値よりさらに安くなったところは「大バーゲン」ですので、嬉々として買い増しをすればよいのです。これが「正しいナンピン買い」です。

ですから、私の投資法を実践する上では、「ナンピン買いはタブー」ではなくて、むしろ「ナンピン買いをしないことがタブー」なのです。

買ってもよいＥＴＦと、避けるべきＥＴＦ

個別銘柄以外で私のおすすめする銘柄は、通称「日経レバレッジ（１５７０）」です。

正式な銘柄名は、「ＮＥＸＴ　ＦＵＮＤＳ　日経平均レバレッジ・インデックス連動型上場投信（１５７０）」です。

これは日経平均株価の騰落率を２倍に拡大して動く日経平均株価連動型のＥＴＦ（Exchange Traded Funds の略で、「上場投資信託」という意味）です。すなわち、日経平均株価がたとえば１％上がった時には、このＥＴＦの株価は２％上がり、日経平均株価が１％下がった時には、このＥＴＦの株価は２％下がるような仕組みになっています。ＥＴＦとはいっても、普通の個別銘柄と同じように売買することができます。

日経平均株価の方向性に関する相場観を正しくイメージできるようになったら、この銘柄で売買するのがおすすめです。

ただし、この「日経レバレッジ」は配当を生まないですし、ETFというのは手数料が自動的に差し引かれるので、長期的に保有すると不利な株価形成になります。ですから、あくまでも短期的な保有に向いている銘柄です。

もちろん、2023年の1年間のように、結果として年間を通じて日経平均株価が上昇基調だった場合には、「日経レバレッジ」を年初から年末まで長期的に保有していても大正解でしたが、それはあくまでも結果論です。

また、日経平均株価の騰落と真逆の動きをするように仕組まれたETFもあります。通称「日経ダブルインバース（1357）」です。正式な銘柄名は、「NEXT　FUNDS　日経平均ダブルインバース・インデックス連動型上場投信（1357）」です。日経平均株価と真逆の動きをするように仕組まれていますので、日経平均株価が下がると利益が出るわけですが、**これはインフレ経済下において買うのはご法度です。**

2023年に入ってからの株価上昇の時期に、この「日経ダブルインバース」を買ってしまったせいでドツボにハマってしまったという話をとてもよく聞きました。

株価というのは、たしかに「下がる時は速い」ので、日経平均株価が高値になると、もうそろそろ下がってくるだろうと考えて、この「日経ダブルインバース」を買ってしまいそうになるのですが、インフレ経済を前提にした場合、この銘柄を買うのは裏目に出て救いようがない損失になる確率が高いので、絶対にやめておきましょう。

株を買う前に、「いくら投資するか」を決めておく

前述したように、株式投資で勝ち続けるためには、保有銘柄をいくつか（3～5銘柄くらい）に分けておくことは必須です。**そしてそのためには、「資金配分」を決めておくことが重要です。**

株式投資というのは、「どの銘柄を、いつ、いくらで買って、いつ、いくらで売るか？」ということばかりがクローズアップされてしまいますが、それと同じくらい「資金配分」も大事なことです。その第一歩は、「1ロット（1回の売買で投入する金額）をいくらにするか？」ということです。

これはどの株式投資の本にも書かれていないと思いますが、「どの銘柄を、いつ、いくらで買って、いつ、いくらで売るか？」の重要性が「50点」だとしたら、「1ロットをいくらにするか？」を含む「資金配分」の重要性も「50点」くらいなのです。

少なくとも3つの銘柄を買うと仮定して、そのうちの1つの銘柄はナンピン買いを入れると仮定すると、最初に1つの銘柄を買う金額は、総投資額の「4分の1」になります。

また、最大で5つの銘柄を買うと仮定して、そのうちの2つの銘柄に最大で3回ナンピン買いを入れると仮定すると、最初に1つの銘柄を買う金額は、総投資額の「8分の1」になります。

「2つの銘柄に最大で3回」というのは、1つの銘柄にナンピン買いを1回入れ、もう1つの銘柄にナンピン買いを2回入れる、という想定です。

簡潔にいえば、買い値から株価が1割下がったらナンピン買いを1回入れ、2割下がったら2回目のナンピン買いを入れるという戦略です。つまり、5つの銘柄のうちの1つは、株価が買い値から1割下がることを想定しておき、もう1つは株価が買い値から2割下がることを想定しておくわけです。

もちろん、1つも下がらなければナンピン買い用の資金は稼働しないわけで、資金効率はその分だけ下がりますが、買った株の株価が下がらないことは、それはそれで歓迎です。

以上から、**1つの銘柄を最初に買う金額は、総投資額の「4分の1」から「8分の1」**

の範囲としなければならないのです。株式投資のための資金総額がいくらあるかということを基準にして、そのうちのどれだけの割合を１ロットにするか、というのは、実はとても重要です。

　また株式投資では、資金総額の成長に合わせて１ロットの投資額も増やしていかなければいけません。最終的には、１ロットが１０００万円とかそれ以上になることも充分にあり得ます。

利益を確定させるために「得切り《とくぎ》」をする

　株式投資の実践において「損切り」という言葉はよく使いますが、「得切り」という言葉は聞いたことがないと思います。というのも、これは私がこの本のために造った言葉だからです。そして私は常に、この「得切り」を意識するようにしています。

　「得切り」とは、株価がある程度上がって目標の売り値になったら、確実に「利益確定のための売り」を実行しなければならない、という意味です。

　つまり、「もっと（株価が）上がるんじゃないか」という思惑（というか、欲）を打ち捨てて、確実に利益を確定させるのです。

私はほとんどの売買でしっかり利益を確定させていますが、それと同時に、多くの場合において多額の「儲け損ね」も叩き出しています。私が売ってからも株価がどんどん上がっていく事例が後を絶たないのです。しかし、それはあくまでも結果論です。「売った後も、株価がどんどん上がっていく」ということが事前にわかるのは神様だけですから。

もちろん売った時が最高値圏で、売りが大正解だったこともよくあります。

こういった「売りが大正解」があるからこそ、「ここが売りだ！」と判断した時に売ってしまうわけですが、だからこそ「売りが失敗（売ってからも株価が上がった）」になることも起こってしまうわけです。その見極めは、37年経ってもいまだに「難しい！」です。プロの投資家の間でも、「売りは買いよりも難しい」といわれている所以です。

しかし**「得切り」をすれば、確実に利益を出すことはできます**。最高のタイミングではなくても、堅実なタイミングで株を売って利益を実現させることこそが、株式投資で負けないために重要なのです。

MOTO教授の投資コラム❸

知っていると意外に得する！　株式用語解説

1　逆行高（ぎゃっこうだか）

これは、「日経平均株価は下がっているのに、それに逆行して個別の銘柄の株価は上がる」という様子を表している用語です。特徴的なのは「逆行高」とはいうけれど、「逆行安」とは決していわないところです。

どうして「逆行安」といわないのかは、不明です。「逆行安」を意味する言葉として、「独歩安（どっぽやす）」という言葉はあります。「独歩安」とは、他の銘柄がほとんど上がっているのに、その銘柄だけが下がっている状態です。

2　循環物色（じゅんかんぶっしょく）

これは文字どおりの意味で、「物色」の矛先が「循環」的に変わる様子を示す言葉です。「物色」というのはこの場合、「投資対象を物色する」ということです。

具体的にはたとえば、円安が進んだとするると、株式市場では円安でメリットを受ける銘柄群（「為替敏感株」）が買われたりします。

その気運が1～2週間くらいで一服し、今度はその時に金利が下がったとすると、「金利敏感株」が買われます。

それも一服すると、今度は「IT関連株がいいぞ！」という気運が盛り上がって「IT関連銘柄」が買われて、次はたとえば「内需関連株」が買われます。

そうこうしているうちに、皆から忘れられて株価が下がってきた「為替敏感株」に再び買いが入ったりします。そして、金利は変わらず「金利敏感株」はスルーされますが、再び「IT関連株」が買われて、それから久しぶりにまた「内需関連株」が買われたりするのです。

こういうふうに、色んな銘柄群が循環的に買われていくのを「循環物色」といい、市場ではよく起こることです。

3 「窓をあける」

チャート上で、前日（または前場）の終値と次の始値に比較的大きな間が空くことを

「窓をあける」といいます。場中にこれが起こることもあります。

漢字で書いてあるのを見たことはないのですが、「窓を開ける」ではなくて、たぶん「窓を空ける」だと思います。株式市場の用語ですから。

4 「値が軽い」

株価が引けにかけて、特に理由もないのにフワっと上がることがあります。

そして翌日にスルスルっと下がってしまったかと思ったら、逆に翌朝には「窓をあけて」高値で寄り付くことがあります。

こういうふうに株価がスルスルと上がっていくことを「値が軽い」といいます。

そしてこういった場合には、アナリストは「先高期待が持てる状態になった」ということが多いのですが、多くの場合は、その時が当面の高値になるというのが経験則としてわかっています。

株価がフワ～っと高くなると、「あら、あら!?　もっと上がるんじゃないの!?」と思ってしまうのが人情なのですが、そこで売るのが「ツウ」なわけです（笑）。

5　「利食い千人力」（りぐいせんにんりき）

「利食う」とは、株式投資で「利益を得ること」を指す言葉で、「利喰う」というように「喰」の字を使うこともあるようです。

「利食い千人力」というのは、「利益は確定させてナンボだよ！」とか「損失に比べれば、たとえ小さな利益でも、それを着実に得ていってこそ、成功するんだよ！」という意味の格言です。

これは、「含み益を抱えて喜んでいても、絵に描いた餅になったら意味がないから、手堅く利益を確定させようね」とか「あまり欲張っちゃダメよ」といった戒めの言葉としてよく使われる格言です。前出の「得切り」に通ずるもので、私が大好きな格言の1つです。

6　「ザラ場」の由来

「ザラ場」とは、「場中（＝取引時間中）」のことです。なぜ「ザラ場」というのかなと気になりましたので、その由来を検索してみましたら、

「ザラ場の語源は、ザラにある（よくある）場、という意味です。つまりザラにあると

いうことから、寄り付き時点から、大引けにかけて、普通に取引されている場という意味合いが込められています。」

とのことです。

（出典：https://www.tokaitokyo.co.jp/otome/investment/glossary/）

第5章

負けない投資家は、投資先をこう決める

——実践編！　銘柄売買の具体的な手法

では、いよいよ売買の具体的な手法について解説していきます。ここでは基本的な内容に関する説明は最小限に留め、既刊本では説明しきれていなかった具体的手法を中心にお伝えしていきます。

では、まいりましょう！

ステップ1 投資対象企業を約230社にしぼる

まず**投資対象企業は、「国際優良企業群」と「財務優良企業群」に限定します。**「国際優良企業群」と「財務優良企業群」の定義と選別基準の詳細（なぜこういった選別が重要なのかなど）については、拙著をご参照ください。ここには、「国際優良企業群」と「財務優良企業群」の選別基準だけを掲載します。

☆**国際優良企業の選別基準**

〈第1基準〉毎年10月31日において、東証のＴＯＰＩＸ Ｃｏｒｅ30とＴＯＰＩＸ Ｌａｒｇｅ70に該当する大企業

〈第2基準〉海外売上高比率が30％以上
〈第3基準〉1日平均の売買代金が30億円以上
〈第4基準〉BPSの値が500円以上、かつ、自己資本比率が30％以上

☆財務優良企業の選別基準
〈第1基準〉東証プライム市場上場企業
〈第2基準〉純資産額が500億円以上
〈第3基準〉1日平均の売買代金が1億円以上
（純資産額が1000億円未満の企業のみに適用する基準）
〈第4基準〉BPSの値が1000円以上、かつ、自己資本比率が60％以上

これらの基準を満たす企業はいずれも超優良企業であり、投資対象企業の数は「約230社」です。上場企業の数は、東証プライム市場だけでも1650社以上ありますが、その中でも国際的に活躍する優良企業と財務的に優良な企業を230社程度にしぼり込みました。

これらの企業以外は見る必要がありません。そして、このようにして投資対象企業を一定の基準を満たした優良企業にしぼり込むことで、**投資をしていても「安心できる」というのが重要なポイントです。**

私は株式投資が大好きですし、お金を増やすための重要なツールだと思っているのですが、その反面、「株価なんていつどうなるのかわからない面が多いし、有名企業だってつぶれることもある」とも思っています。でもだからといって、「わからないし怖いから、株式投資なんてやめておこう」とは全く思いません。

株価がめちゃくちゃな動きをせず、財務内容を見てもどう考えてもつぶれないような超優良企業だけを選んで投資すれば、安全で堅実な株式投資ができるのです。

ステップ2 投資対象企業を高配当な15社にしぼる

次に、前述の約230社の中から「**2023年末までの過去15年間にわたって安定的で高水準の配当を支払っている企業**」**をしぼり込みます。**

各企業の配当履歴は、企業のＩＲ情報に基づいて調べます（「ＩＲ」は Investor

Relations の略で、「投資家に伝えるべき情報」という意味です）。
「安定的で高水準の配当」というのは、次のように定義します。
●過去15年間にわたって一定の金額を配当として支払ってきている
または、
●リーマン・ショック直後の時期（2008年と2009年）とコロナショックの時期（2020年と2021年）を除いて、減配した年度が2会計年度以上なく、かつ、配当額が横ばいか増配傾向にある
●原則として、配当利回りが「3・75％」以上ある
「配当利回りが3・75％」というのは、概《おおむ》ね「税引き後で3％」を意味しており、それを「高水準の配当」の目処としています。

2024年2月2日の時点で私が調べた限りでは、この条件を満たす企業は15社です。

その安定的に高水準な配当を支払ってきている15社を（表1－1）と（表1－2）に配当利回りが高い順でまとめました。

目標配当利回りが高い順に配列

期待配当利回り（注2）	(A)以後の高値	上昇率	期待配当利回りに基づく目標株価	目標配当利回り	ナンピン買いの株価
7.4%	3,915	54%	2,685	7.00%	2,450
4.8%	4,355	12%	3,750	5.01%	3,600
4.4%	1,802	13%	1,700	4.12%	1,600
4.4%	6,478	42%	5,000	4.00%	4,500
5.4%	4,092	49%	3,750	4.00%	3,200
5.8%	1,821	83%	1,500	3.87%	1,000
4.8%	3,115	57%	2,500	3.84%	2,000
3.6%	2,245	18%	1,900	3.63%	1,750
4.0%	1,128	26%	1,000	3.60%	900
3.1%	2,044	29%	1,650	3.03%	1,600
2.4%	6,330	55%	5,000	2.00%	4,500
4.6%		40%		4.01%	

期待配当利回り（注2）	(A)以後の高値	上昇率	配当利回りに基づく目標株価	目標配当利回り	ナンピン買いの株価
6.5%	3,410	64%	2,800	4.82%	2,600
5.2%	2,062	35%	1,800	4.44%	1,600
5.0%	1,475	52%	1,200	4.00%	1,050
5.6%	1,632	60%	1,450	3.93%	1,300
5.6%		53%		4.30%	

（表１－１）　安定高配当企業群（国際優良企業版）

No.	Code	銘柄名	決算月	今期予想配当（注1）	2023 年初来安値 (A)
1	2914	JT	12	188	2,538
2	4502	武田薬品工業	3	188	3,900
3	4503	アステラス製薬	3	70	1,601
4	5108	ブリヂストン	12	200	4,548
5	7751	キヤノン	12	150	2,755
6	7267	本田技研工業	3	58	997
7	7270	SUBARU	3	96	1,988
8	2503	キリンHD	12	69	1,906
9	3407	旭化成	3	36	894
10	6971	京セラ	3	50	1,589
11	7269	スズキ	3	100	4,094
					平均

（表１－２）　安定高配当企業群（財務優良企業版）

No.	Code	銘柄名	決算月	今期予想配当（注１）	2023 年初来安値 (A)
1	8130	サンゲツ	3	135	2,082
2	4042	東ソー	3	80	1,533
3	7272	ヤマハ発動機	12	48	971
4	6113	アマダ	3	57	1,018
					平均

注１：今期予想配当額は年額であり、予想配当額が公表されていない場合は、前年度実績を用いている。
注２：この「期待配当利回り」は 2023 年初来安値 (A) に基づいて算出したものである。
注３：2024 年２月２日に更新。

ステップ3 「買いの目標株価」と「ナンピン買いの目標株価」を決める

次に、投資対象企業（15社）の「買いの目標株価」と「ナンピン買いの目標株価」を決めます。それぞれ、過去5年分の株価チャートを見て決めていきます。**「買いの目標株価」は「1年に1度か2度付く安値」を目処とします。**そして**「ナンピン買いの目標株価」は、「5年に1度か2度付く安値」を目処とします。**「買いの目標株価（最初の買い値）」から1〜2割程度下がったところが「ナンピン買いの目標株価」になることが多いです。

なお、「5年に1度か2度付く安値」を見つける際には、「コロナショックの時期の安値」は除きます。2020年3月中旬前後に付いたコロナショックの時期の安値は「異常な安値」なので、それは度外視するのです。

ただし、これだけではシンプル過ぎます。このシンプルな方法で「買いの目標株価」と

「ナンピン買いの目標株価」を見つけたら、**その株価で「ＰＢＲ」と「配当利回り」を計算します**。

なぜここで「ＰＢＲ」の値と「配当利回り」の値を見るのかというと、これらの指標は「株価の下支えとなる水準」を示すことが多いからです。そして、ここで「ＰＥＲ」の値を参照しない理由は、「ＰＥＲ」の値というのは、年度によって大きなブレが起こりやすく、株価の下支えとして機能しないことがあるからです。

そして、企業ごとの「過去の安値」における「ＰＢＲ」の値と「配当利回り」の値が求められたら、株価チャートを見て決めた「買いの目標株価」と「ナンピン買いの目標株価」が、その「過去の安値」と比べても、「ＰＢＲ」の値と「配当利回り」の面から見て遜色《そんしょく》がないかどうかを確認します。

このように、企業ごとの「過去の安値におけるＰＢＲの値と配当利回りの値」を求めるのは、けっこう手間がかかります。しかしその手間を惜しんではいけません。世の中に「ラクに儲かる方法」などないのです。この過去データの調査はしっかりと手間をかけましょう。

こうして、過去の安値の事例と比較しながら「買いの目標株価」と「ナンピン買いの目標株価」の「PBR」の値と「配当利回り」の値に遜色がないことを確認し、「買いの目標株価」と「ナンピン買いの目標株価」を決めます。

ステップ4 安定高配当銘柄のデータ一覧表の作成とその運用

ここまでの作業が終わったら、「安定高配当銘柄のデータの一覧表」を作成します。それをお示ししたのが（表2）です。この（表2）は、2024年2月2日時点での一例で、株価が「買いの目標株価」に近い銘柄が順に載っています。この表は2～3週間に一度くらいの頻度で更新すればよいでしょう。

そしてこの表の銘柄の順番は、株価の変動に応じてかなり変動します。すなわち、表の上の方に載っている銘柄でも数週間もすると下の方に行って、その代わりに下の方にあった銘柄が上に上がってくるのです。

ですから、表の上の方に載っていた銘柄の株価が上がってきていたら、売るタイミングということです。そしてその時に、かつて表の下の方に載っていた銘柄の株価が下がってきていたら、それを買いの対象にすればよい、ということなのです。

もちろん、順調に株価が上がっていかないケースもあります。

その場合には、あらかじめ決めてあった「ナンピン株価」で買い増しをします。

「ナンピン株価」はすでに述べた方法で、主に株価チャートを使って決めるのですが、もっと単純に決めたい場合には、「目標株価（最初の買い値）から1割程度下がったところ」を「ナンピン株価」にするという方法もあります。そのくらいまでの下落は前もって想定しておき、下がっても売らずに買い増しをするのです。

そしてこのようにナンピン水準まで株価が下がった場合も、**株価が戻ったら徐々に売り上がっていきましょう。株価がトントンかプラスになるのを待って、そこで売り抜けていくのです**。トントンかプラスでしか売らないので、負けることはないわけです。

もしも半年や1年といった比較的長い間、塩漬けになったとしても、手取りで「3～5%」の配当利回りは確保できていますので、利息代わりに配当をもらうと考えれば、それはそれで（「年率3～5%」の）手堅い運用にはなっているのです。ですから、株価が下がっている銘柄も安心して持ち続けることができます。

目標配当利回り	税引後利回り	株価	実際配当利回り（税引後）	目標株価との乖離率	ナンピン買いの株価	ナンピン買いの株価との乖離率	定性的要因など
4.12%	3.28%	1,680	3.32%	-1.18%	1,600	5.0%	
4.00%	3.19%	3,960	3.02%	5.60%	3,200	23.8%	
4.44%	3.54%	1,924	3.31%	6.86%	1,600	20.2%	
3.87%	3.08%	1,635	2.83%	9.00%	1,400	16.8%	
3.60%	2.87%	1,109.5	2.59%	11.0%	900	23.3%	
3.93%	3.13%	1,614	2.81%	11.3%	1,300	24.2%	
3.63%	2.89%	2,121	2.59%	11.6%	1,750	21.2%	
5.01%	3.99%	4,279	3.50%	14.1%	3,500	22.3%	
1.83%	1.46%	6,936	1.26%	15.6%	5,500	26.1%	インド銘柄（注3）
4.03%	3.21%	1,388	2.78%	15.6%	1,050	32.1%	インド銘柄
4.82%	3.84%	3,250	3.31%	16.1%	2,600	25.0%	
3.84%	3.06%	2,928	2.61%	17.1%	2,000	46.4%	
4.00%	3.19%	6,300	2.53%	26.0%	4,500	40.0%	
3.03%	2.41%	2,088	1.91%	26.5%	1,600	30.5%	配当利回りが、やや低い
3.52%	2.80%						

注2：この「期待配当利回り」は2023年初来安値（A）に基づいて算出したものである。
注3：スズキはインド銘柄の代表格で、成長が期待されているため、配当利回りが非常に低い。

（表２）　安定高配当企業の注目銘柄

更新日と配当確認日
2024年２月２日

配列は、配当利回りに基づく目標株価との乖離率の昇べきの順

類別	Code	銘柄名	決算月	今期予想配当（注１）	2023年初来安値(A)	期待配当利回り（注２）	目標株価
国際	4503	アステラス製薬	3	70	1,601	4.37%	1,700
国際	7751	キヤノン	12	150	2,539	5.91%	3,750
財務	4042	東ソー	3	80	1,533	5.22%	1,800
国際	7267	本田技研工業	3	58	997	5.82%	1,500
国際	3407	旭化成	3	36	894	4.03%	1,000
財務	6113	アマダ	3	57	1,018	5.60%	1,450
国際	2503	キリンHD	12	69	1,739	3.97%	1,900
国際	4502	武田薬品工業	3	188	3,900	4.82%	3,750
国際	7269	スズキ	3	110	3,516	3.13%	6,000
財務	7272	ヤマハ発動機	12	48	971	4.98%	1,200
財務	8130	サンゲツ	3	135	2,082	6.48%	2,800
国際	7270	SUBARU	3	96	1,988	4.83%	2,500
国際	5108	ブリヂストン	12	200	4,548	4.40%	5,000
国際	6971	京セラ	3	50	1,589	3.15%	1,650
							平均

注１：今期予想配当額は年額であり、配当予定額が未発表の場合、前年度実績を用いた。

実は株価というのは、下がることを恐れるものではありません。株価が下がれば下がったなりの対処の仕方はありますし、下がったものは通常は上がります（下がり続ける株はありません）。

ただ「**株価が少ししか動かない**」**状況が、実は一番困ります**。対処のしようがないからです。というわけで、私が怖いのは「株価が下がること」ではなく、「株価が少ししか動かないこと」なのです。

かなり詳しく説明しました！　おわかりいただけましたでしょうか？

あとは、「実践あるのみ！」です。

MOTO教授の投資コラム❹

「出来高の謎」が解けた！

私にはかねてから謎に思っていたことがあります。それは、「出来高の謎」です。

すなわち、株価が最安値の時も最高値の時も、その株価で買う株数と売る株数が必ず同じになる、ということが不思議だったのです。最安値の時に売る「おバカさん」と、それを買うベテランの「賢者」が同じ人数だけいるとは思えませんでした。最高値の時も同じくです。

そしてある時、ふと、この謎が解けました。

最安値や最高値の「出来高」が同じだとしても、「人数」が同じである必要はないのです。つまり、おバカさんの方が賢者より圧倒的にたくさんいたとしても、出来高は同じになるのです。

端的な数値例を用いて謎解きをしていきましょう。

最安値の出来高が10万株の場合、そこで売るおバカさんは１００株ずつで「１０００人」いて、同じタイミングでその株を買う賢者は1万株ずつで「10人」なのです。

底値で売ってしまう人は初心者がほとんどです。そして初心者というのは資金も少ないので、この場合の１人当たりの株数を１００株としました。

それに対して、底値で買える人は株式投資のベテランがほとんどで、ベテランというのは資金も多い傾向にあるので、１人当たりの株数を1万株としたのです。

もちろんこれは極端な数値例ですが、これで納得がいきました。
冒頭から申し上げているように、底値で売る人はおバカさんで、それを買う人は賢者です。

しかし、初心者でも底値で買う「賢者」になりたいですよね！

そうなるためには、どうしたらよいのか……。

そうです。今、あなたはそのための努力をしている真っ最中です。

初心者のうちから株式投資に関する書籍を読んで、勉強すること。これが、「賢者」への一番の近道です。

初心者ではなくても、常に勉強していくことが必要です。私も今でも、株式投資の本を読んだり、分析研究をしたりしています。

あと必要なのは、マインドコントロールです。

株価が底値になっている時の「値下がりの恐怖」に打ち克つ必要があります。また、株価が天井になっている時の「さらなる値上がりの欲望」にも打ち克つ必要があります。

「値下がりの恐怖」に打ち克つためには「根拠ある底値」を見いだすための「勉強」が

有効な武器です。

「狼狽売《ろうばいう》り」は、おバカさんのやることです。「高値づかみ」も、おバカさん。

これらをやらないようにするには「勉強」と「経験」が必要です。「賢者」は「勉強」と「経験」を多く蓄積しようとします。

そして、「さらなる値上がりの欲望」に打ち克つためには、「欲張らないこと！」これに尽きます。

「賢者」は欲張らないので、株式投資で損はしません。

皆で「賢者への道」を突き進みましょう！

第6章

定年を迎えたら「とにかく明るいデイトレ」！

50代、60代でも間に合う、老後のデイトレ必勝法

それではいよいよ、定年を迎えたらおすすめの「デイトレ」についてご説明していきます。

ただし、具体的なノウハウを詳しく解説しようとすると、それだけで1冊の本になってしまいますので、ここではあくまでも「概要」だけをお伝えしますが、それでも老後対策としてばっちりの内容に仕上げてありますのでご安心ください。

もちろん、すでに老後を迎えられた方も間に合いますので、しっかりとついてきてくださいね。

また、本章で取り上るデイトレの手法は、その多くが普通の株式投資（株の保有期間が週単位・月単位・年単位の投資）にも充分に適用できます。**「平日の昼間は株式投資をしている時間はないから、自分にデイトレは関係ない」という方でもご活用いただけると思います。**

安心してください。あなたの老後がさらに充実したものになるはずです。

ヒマだから、デイトレしてみた

これから、なぜ皆さまがデイトレをした方がよいのかを明らかにしていきましょう。

まず、私がデイトレを始めた経緯についてお話しいたします。

すでにお伝えしたように、私は２０２１年の４月１日から楽隠居の生活を始めました。もともと文系の大学教授の仕事には自由な時間がいっぱいありましたので、退職後の楽隠居の生活にもすんなりと馴染めました。

しかし、退職して４ヶ月が経った２０２１年の８月１日に異変が起こりました。その日に知人との会食の予定が入っていたのを最後に、**スケジュール帳が年末まで「真っ白」になってしまったのです**。

「年末まで」どころか、「一生」真っ白なのです。これには心底ビビりました。「一生、なにもやることがない」なんて、恐怖以外のなにものでもありませんでした。

そこで、

「ヒマだから、デイトレでも、やってみようか！」

という軽いノリで、2021年8月2日からデイトレを始めてみました。

デイトレを始める前にするべき「イメージトレーニング」

初日の8月2日だけは、「イメージトレーニング」ということで、実際に資金を投じることはせずに取引をシミュレーションしました。この「イメージトレーニング」というのは、具体的には次のようなものです。

まずは優良企業の株から、比較的割安な水準に株価が放置されている銘柄に対象をしぼりました（第5章でご紹介した銘柄の選び方と同様です）。

デイトレーダーはよく、「ボラティリティ（変動幅）が高い銘柄を狙う」、つまり、「1日の中で株価の変動が大きい銘柄を狙った方が儲かりやすい」とおっしゃいますが、これは大きな損失の素になりかねません。

なぜなら、**ボラティリティ（以下では「ボラ」と記します）が高い銘柄は通常、ハイリ**

スク・ハイリターンな銘柄だからです。たしかに儲けは大きいのですが、その分、失敗した時の損失額も大きくなります。**株式投資は、欲張れば欲張るほど失敗しやすくなるようにできているのです**。

さらに、「ボラの大きさ」に注目するあまり、肝心の「優良さや安全性」という基本的な視点を見失いがちになる方が多くいらっしゃいます。**株式投資は、優良企業の株を安全に買うことが基本です。このことは、デイトレードにおいても同様です**。

自分にあった指標を見極める

さて、優良企業の株から対象銘柄をしぼれたら、次はその銘柄のチャートを見ます。**デイトレの場合に見るチャートは、私の場合は「1分足」です**。「5分足」を推奨する方もいます。

私は初日の「イメージトレーニング」の時に「1分足」と「5分足」を交互に見て、自分に向いている「1分足」を選びました。このように、「1分足」と「5分足」のどちらの方が自分の性に合っているかを試すのも、初期段階での「イメージトレーニング」の大事な要素です。

そして、「**1分足**」**のチャートと同時に、株価に関する指標（オシレータ）を見ながら、仮想売買を繰り返しました**。

オシレータには、「ＲＳＩ」「ストキャスティクス」「ＭＡＣＤ」「モメンタム」「サイコロジカルライン」などさまざまな種類があります。「ＲＳＩ」と「ストキャスティクス」は、その中にもまた色々な種類があるようです。

私は「ＲＳＩ（simple）」と「ストキャスティクス（ファースト　％Ｋ）」を用いています。これも、自分に合ったものを選べばよいと思います。

もっと詳しくいえば、「ＲＳＩ」や「ストキャスティクス」には「設定値」なるものがあって、色々と微調整ができるようですが、私はデフォルトで設定されているものを用いています。あまり細かいことは気にしなくてもよいようです。

そのようなわけで、私は「ＲＳＩ（simple）」と「ストキャスティクス（ファースト％Ｋ）」（以下ではこれらを「ＲＳＩ」と「ストキャ」と記します）にしぼって、それらの値が両方とも低く、かつ、株価の水準も「その日の中では相対的に低い時」に買いを入れ、その真逆の時に売ったらどうだろう、とシミュレーションを繰り返しました。

「ＲＳＩ」の値は「30以下」が低い時で、「70以上」が高い時。「ストキャ」の値は「20以下」が低い時で、「80以上」が高い時です。

株式投資未経験者がいきなりデイトレに挑戦するのは危険！

私は「イメージトレーニング」の時には資金総額を「１億円くらい」と想定していたので、１ロットの金額は「１０００万円くらい」に設定していました。

その結果、１日で15万円くらいの（仮想の）利益を得ることができましたので、「あぁ、これならきっと上手くいくな」と考えました。資金総額に対する１日の利益率は「０・15％くらい」です。

また、年間の取引可能な日数は２５０日くらいですから、年率にすると「37・５％（税引き後で30％）」くらいです。これなら、かなり上手くいっているといえます。

投入できる資金総額は人によってまちまちなので、利益の「額」ではなく「率」で考える必要があります。しかしこの１日「０・15％くらい」の利益率で、資金総額が２０００

万円以下ですと、1日の利益の「額」は「3万円以下」になってしまいますから、売買手数料や金利（信用取引の金利）を加味するとあまり採算がとれません。

ですから、**デイトレで大きな利益を得るためには、資金規模は少なくとも数千万円から、多ければ億単位の資金が必要だということになります**。

また、私はその時点ですでに34年にわたる長い株式投資の経験がありましたし、若い頃には信用取引で大やけどをしたこともありましたので、経験は充分に積んでいました。ですから、私は「イメージトレーニング」は1日しかしませんでしたが、この「イメージトレーニング」に必要な期間は各人各様だと思います。

あまり取引に慣れていらっしゃらない方は、1ヶ月くらいの下積みをした方がよいかもしれません。1ヶ月くらいは本物のお金を投入せず、シミュレーション取引を繰り返して自分なりの成功パターンをつかむのです。そうしないと足下をすくわれますから、充分に慎重過ぎるくらいに準備してください。

そして、デイトレは「信用取引」による売買が必須です。現物取引では（資金量が無尽蔵でなければ、）1日に何回転もの売買はできないようになっているからです。

ただし、**株式投資の初心者の方や中級程度の方には信用取引はご法度です**。信用取引はその制度を理解するのが難しく、資金力がなかったり欲張ってしまったりすると失敗する確率が高いのです。資金規模が小さいうちはどうしても欲張ってしまう方が多いので、信用取引はやらないでください。

そして、10年以上の株式投資経験を積み、かなり上級になったなと思われた段階で、まずは少額の資金を元手に、試しに信用取引を実践して経験値を積んでください。それでも、信用取引の枠で買う金額はいつでも現物引き受けができる金額の範囲に留めてください。

さらにいえば、過去において信用取引で大失敗した経験を持っている方が上手くいきます。信用取引の怖さを知っているからです。

デイトレでも「無敗」は叶う

私は昔からデイトレにはあまり興味がなく、

「上手くいく人なんて、特殊な才能があるごく一握りの人だけでしょ」

という、非常に冷めたスタンスでとらえていました。

しかし、やってみるとこれがかなりおもしろい！

あっという間にのめり込んでいき、8月3日の開始から同年の11月25日まで、日次の損益で「67連勝」しました。その間には6回の「引分」があったので、正確には「連勝」とはいえないのかもしれませんが、開始からおよそ4ヶ月間において負けは一度もありませんでした。

「大きめの負けを喫したら、そこでやめればよいことだ」と割り切って現在まで続けてきましたが、含み損はさておき、デイトレでの「実現した損失」は全くないまま現在に至っています。

デイトレ全体の戦績は、2024年3月21日現在

601戦　593勝2敗6引分

で、523連勝中です。この「2敗」は長期保有の塩漬け株の損切りでしたから、デイトレの成果ではありません。ですからデイトレに限定していえば、**601戦して「無敗」**です。

初公開！　夢のようなデイトレ成功体験記

いくら「**無敗**」でも、利益が少額だったら意味ないじゃないか、という指摘もありますので、敢えてここで、2022年と2023年の私の「株式の譲渡所得」の申告額を公表します。

2022年の利益は税込みで「7045万円」でした。2022年は1年間で236日参戦しましたので、1日平均の利益額は税込みで、「約29万8500円」です。1ヶ月じゃないですよ、「1日」の平均の利益額です。

おかげで2023年には「株式の譲渡所得」に対する税金だけで、住民税とあわせておよそ1400万円を納税しました。

2023年の利益は税込みで「4983万円」でした。2023年は1年間で220日参戦しましたので、1日平均の利益額は税込みで、「22万6500円」です。

おかげで2024年も「株式の譲渡所得」に対する税金だけで、ほぼ1000万円の納税額になりました。

なお、2022年よりも2023年の方が日経平均株価は明確な右肩上がりでしたが、所得の額は減っています（参戦日数が減っているから総額が少ない、ということもありますが、1日平均の利益額も減っています）。なぜなら、デイトレは超短期の保有であるため、月単位の中期的な株価上昇の恩恵をあまり享受できないからです。

それと、日経平均株価や個別銘柄の株価水準が高くなると高値づかみのリスクも高まるので、株価水準が低い時に比べると売買する株数を抑制してしまうからです。株価水準が相対的に高い時には、積極的な取引がしにくくなります。

「日経平均株価が上がっているから、さぞや儲かっているでしょう」とよくきかれますが、**デイトレに関しては、日経平均株価が上がっていることは、儲かっていることの理由にはなりません。むしろ、すごくやりにくくなります。**そのため、2023年の方が1日平均の利益額が低くなってしまっているのです（2023年7月、株式投資の資金から1億3300万円を不動産に投じたため、資金総額が圧縮されてデイトレをやりにくくなったことも要因の1つです)。

それに、日経平均株価の騰落にかかわらず、**安定的に一定の利益を獲得し続けることが大事ですし**、大きな損失を被らないことが最優先ですから、日経平均株価の高安に関係なく「日々、地道に利益を積み重ねていった結果が年間の利益だ」というのが偽らざる実感です。

デイトレで勝ち続けるためのマインドセット

不本意ながら、デイトレの成功体験ばかりをご紹介してしまいました。もし気分を害された方がいらっしゃいましたら、誠に申し訳ございません。

こうした具体的な数字や成果をお知らせすることで「株式投資の中には、こんなに負けない方法もあるのですよ」ということをお伝えしたかったのです。少しでも皆さまの中にあるデイトレや株式投資に対する不信感が拭えましたら幸いです。

しかしながら読者の皆さまの中には、「デイトレで成功するのは、ごく一握りの才能がある人だけだ」と思ってしまわれた方もいらっしゃるかと思います。先ほども申しましたが、私も昔は同じように思っていました。しかし、それは本当に違うのです。**普通の株式投資にも、デイトレにも、「負けない方法」という黄金律があるのです。**それに従えば、株式投資は負けません。

これまでにも書きましたが、私がデイトレをしている一番の理由は、「ヒマだから」です。もちろん、やるからには損をしたくはないのですが、「儲けよう根性」でやってはいません。私は直感的に痛感しているのですが、**「欲張った瞬間に負ける」**と思います。ですから、絶対に欲張ってはいけないのです。

しかしここで大きな矛盾に突き当たります。それは、「株式投資自体が『欲の世界』そのものだ」ということです。

この矛盾を解くには、株式投資をする理由として「儲けたいから」ではない、別の理由が必要です。たとえば、「ヒマだから」とか「株式投資そのものが好きだから」というような理由です。**「儲けたい精神」とは別の理由で行う株式投資こそ、「欲張らずに勝ち続けられる株式投資」だと思います。**

2023年11月に発刊された『87歳、現役トレーダー　シゲルさんの教え』（ダイヤモンド社）の著者の藤本茂《ふじもとしげる》氏は87歳で18億円もの資金をお持ちだそうです。そしてこのご著書で、「株式投資が好きだから」という理由で、「デイトレを死ぬまで続けたい」とおっしゃっています。

デイトレはそういうマインドをお持ちの方が上手くいく世界なのです。株式投資をすることについて、**「お金には関係のないやり甲斐」を見いだせられれば欲張らずにすむので、上手くいくのだと思います**。

それになによりも、「死ぬまで続けたい」と思える「好きなこと」を見つけて、それをずっと続けられる人生はとても幸せだと思います。

１日２〜３時間程度でよい

私のデイトレ生活は、皆さまがご想像なさるほど大変なものではありません。朝は８時半に起きて、８時45分から11時半までパソコンに向かいます。最初の８時45分から９時までは、前日のＮＹダウやシカゴ市場の日経平均先物の値をチェックしたり、今日の寄り付きで売買する注文を出したりします。

そして、たぶん皆さまにとっては意外だと思いますが、**取引時間中でも株取引以外のことに、けっこうな時間を費やしています。**「ガッツリ、画面とにらめっこ」はしていません。お昼休みの1時間は昼食をとりながらしっかり休んでいますし、後場は前場以上に株取引以外のことをしています。メールを書いたり、ゲームをしたり、原稿を執筆したりといったかんじです。

そして15時に証券市場が終わったら、15分くらいかけて、その日の多くの取引記録をチェックし、損益や終値を記録しています。そのあとはスッキリと株式投資関連のことから離れて、映画やゲーム、執筆活動などをして過ごしています。出かけることもしばしばあります。

取引に用いるパソコン画面の数も、2画面だけです。1画面が取引画面（証券会社のサイト）で、もう1画面が株価チャートの画面ですが、往々にして、それらの上に重ねてメールや執筆原稿、そしてパソコンゲームが画面を占拠しているといったありさまです。

夜はテレビ東京の「ワールド・ビジネス・サテライト（WBS）」を観ますが、それに費やす時間も（興味がないトピックは早送りで観るので）平日に1日20分くらいです。あとは週に1時間か2時間は、株式投資に関するデータ処理や銘柄分析をしますが、本当にそのくらいです。

私は自分の労働時間を5分刻みで毎日記録しているので、株式投資に費やした時間はすべて把握できています。今調べてみましたら、２０２２年に株式投資で要した時間は、年間７２４時間で、２０２３年は年間５４４時間でした。

私がデイトレに参戦した日数が、２０２２年は２３６日で、２０２３年は２２０日でしたから、株式投資に要した時間は、２０２２年は1営業日当たりで約3時間、２０２３年は1営業日当たりで約2時間半であったということです。

つまり、「四六時中、株式投資のことばかりを考えている」というような「株漬け」の人生でなくても、デイトレで一定の成果を得ることができるのです。読者の皆さまも、「1日中仕事のことばかりを考えているわけではないけれど、仕事ではしっかりと成果を出せている」という方がいらっしゃいますよね。それと同じことです。

とりもなおさず、基本的に「平日から毎日ヒマ」になるのは定年後です。余裕資金も若いころよりは多いでしょう。そして、**株式投資の経験を長いこと積んでいれば、定年後の高齢者こそ、デイトレをする「好機」を迎えているといえるのです。**

「後期高齢者」という言葉はあまり好きではありませんが、第7章で述べる「4つの条件」をすべて満たしている高齢者こそが、デイトレにおける「好機高齢者」なのです。

ただし、**高齢者が「好機高齢者」となってデイトレをするのは、後述する「4つの条件」をすべて満たしている場合だけです。**そうでなければ、デイトレはご法度です。「そんなに上手くいくなら、私も一丁！」と、**気軽に始めるのは最も危険です。**身の破滅につながります。ですから、次の第7章をしっかりとお読みいただければと思います。

第7章

60歳からのデイトレは頑張らない！

――「1日3時間」で5年後には億万長者に

デイトレの利益＝時給10万円

第6章の最後でお伝えしたとおり、私は1日のうち昼休憩1時間を除いた5時間半をデイトレに費やしていますが、実際に相場と対峙しているのは2～3時間程度です。その中には、取引を記録する時間も1時間くらい含まれています。

その他の時間は「待機時間」なので、私の場合は原稿やメールを書くといったこと（他にもよくやるのはパソコン上でゲーム）をやりながら、相場を「ただ見ている」といったかんじです。今、この原稿もそういった待機時間に書いています。

直近2年8ヶ月の総平均で見ると、1日の利益は税込みで約25万円（税引き後で約20万円）でした。実労働は1日2時間程度ですので、時給にすると手取りで「約10万円」になります。私の資金規模はかなり大きいので、それに比例するかたちで利益も大きくなっています。利益の金額は、資金規模にほぼ比例するのです。

私の現在の株式投資の資金規模は、ざっくりとした金額でいうと約2億円ですが、信用取引の資金規模もありますので、最大時では合計4〜5億円くらいです。

すでに第6章で公表しましたように、2022年と2023年のデイトレによる利益の額は税込みで、約7000万円と約5000万円でしたから、私の平均的な投資資金総額を（信用取引の資金枠も合わせて）「約3億円以内」としますと、利回りは税込みで「20%以上」ということになります。

「デイトレ初心者」の方が私と同じ利回りを達成するのはやや難しいかもしれないということも勘案しまして、私の利回りの半分（税込みで10%くらい）と仮定して、資金が現物で5000万円と信用取引枠で5000万円の合計1億円あるとしますと、利益の額は年間1000万円（税引後の手取りで800万円）という計算になります。

ただし、これは「デイトレ初心者」の方についての、あくまでもサンプルデータですので、「全くの初心者の方」はデイトレは手出し無用の「完全ご法度」です。ここでいう「全くの初心者」とは、文字通り株式投資もなにもしたことがない「全くの初心者」を指します。そしてここでいう「デイトレ初心者」とは、株式投資の経験は充分に積んでいるけれど、デイトレには初めて挑戦する方のことを指します。ですから、決して「デイトレは全くの初心者でもこんなに儲かるのですよ！」といいたいのではございません。

繰り返しになりますが、利益の金額は資金規模にほぼ比例しますし、達成可能な利回りの多寡（＝「運用能力」の個人差）に依存しますので、一概にいくら儲かるということはいえないのですが、敢えてサンプルを挙げると、以上のような金額になるということです。利益がいくらになるのかは、その人の経験値と資金総額によって大きな違いが出ます。

毎日2時間だけ！「サカキ式デイトレ人生」

「毎日2時間程度頑張るだけで、年間数千万円の利益を見込めるなんて、絶対やるべきじゃん！」と思うかもしれません。

ここで1つ、意外と大事なことをお伝えします。それは「**できるだけ毎日、取引をする**」ということです。

「時間のある日だけやろう」というのでは、上手くいかないと思います。「相場勘」が鈍るからです。土日と祝日は株式市場が休みなのでそこでしっかりと休み、平日は毎日取引をするように心がけることで、「相場勘」を磨いていくのです。

とはいえ、私の場合はあくまでも、デイトレは「ヒマだから」するものなので、ヒマじゃない平日の昼間にデイトレをすることはありません。「できるだけ毎日やった方がよいですよ」くらいのさじ加減です。１年間の立会日はおよそ246日ですが、第6章でも述べたように、私がデイトレに参戦した日数は、2022年は236日で、2023年は220日でしたから、完全な毎日でなくても大丈夫です。

そして市場が終わる15時以降に株式投資のことを考える必要もありません。デイトレをしている方の中には、15時に市場が終わった後も1日中株式投資のことばかり考えている方もいらっしゃるそうですが、少なくとも私に関してはそんなことはありません。

デイトレというと「1日中株価に振り回されるハードな取引」と思われる方も多いかと思いますが、実際は全然そんなことはないのです。

老後の資金を台無しにしない「堅実な銘柄選び」

多くのデイトレーダーの前提には、「なにがなんでも儲けてナンボ！」という精神があるようです。そのため、「儲けるための銘柄」を選んでしまいがちです。

第6章でも申し上げましたが、ここでいう「儲けるための銘柄」とは、「1日の間でもボラが高い銘柄」を指します。

そういった「ボラが高い銘柄選び」をしてしまうと、壮絶な暴落に見舞われてしまった際に再起不能の大失敗を起こしてしまいますので、株式市場からの撤退を余儀なくされてしまいます。そうなってしまったら、老後の資金が台無しです。

そこで、「老後のデイトレ」におすすめの画期的な銘柄選別法をお教えいたします。それは、**「デイトレの投資対象銘柄と通常の株式投資の対象銘柄は、同じものにする」**という方法です。

私自身も、デイトレではない通常の投資対象銘柄と全く同じ銘柄を投資対象にしてデイトレをしています。

この方法の最大のメリットは、「デイトレで上手くいかなかった場合でも、中長期の投資に切り替えれば巻き返せる」ところにあります。

そもそも私のデイトレは、「中長期の投資対象としても充分に妙味のある銘柄を、超短期で売買しているだけ」なのです。ですから、デイトレとして上手く利益が得られなかったら、そのままサッと中長期の投資に切り替えればよいのです。私のデイトレは、「デイトレであって、デイトレではない」といえるでしょう。

私が通常選んでいる投資対象銘柄は、いわゆる「デイトレーダーが好む（ボラの高い）銘柄」ほどの値動きはないので大儲けは期待できませんが、私はデイトレにおいて常々「欲張らないこと」を旨としていますので、大儲けはできなくても、充分満足しているのです。

この点に関しては、前述の『87歳、現役トレーダー　シゲルさんの教え』にも同じようなことが書かれていました。株式投資の基本に忠実な銘柄をデイトレの対象とすることで、堅実なデイトレ人生を送ることができるのです。

私の「老後のデイトレ」の投資対象銘柄は、本書の第5章で解説した「国際優良銘柄・財務優良銘柄」といった銘柄群です。そして、**その中から選んだ安定高配当企業の約10銘柄＋αと前述の「日経レバレッジ（1570）」の10数銘柄です**（「＋α」というのは、臨機応変に投資対象にする2〜3社のことです。この2〜3社も原則として、「国際優良銘柄・財務優良銘柄」から選んだものにします）。

つまり投資対象企業群でも、**中長期でみて安定的に高配当である銘柄を選び、それらの銘柄を「超短期」で売買するのです**（私がここで定義する「超短期」とは、数秒〜2日くらいまでを意味します)。

これなら、もしも高値づかみになってしまってデイトレとしては利益を確定できなかったとしても、中長期で保有しておけば、配当の受け取り(インカムゲイン)によって、税引き後で「3~5%」の運用ができるのです。

大公開!「私がデイトレで勝ち続けられているワケ」

多くの方は「デイトレード」=「その日のうちに売買を終わらせなければいけない」と思っているようです。

前述のように、一般的なデイトレーダーは投資対象を「ボラが高い銘柄」にしぼっているので、「明日の株価がどうなるかわからない」という不確実性の中にいます。そうすると、「デイのトレード(1日以内に結果を出すトレード)」にこだわってしまうのでしょう。

しかし、本書で解説した**「老後のデイトレ」を実践すれば、「デイのトレード」にこだわる必要はなくなります。なぜなら最初から、中長期保有にも適した銘柄しか選別していないからです。**

　デイトレをするつもりで買った銘柄でも、その日のうちに利益が出せないのであれば、翌日以降に、サクッと持ち越しちゃえばよいのです。むしろ、翌日に売った方が大幅に高く売れることもよくあります。私はこれを「オーバーナイト（のトレード）」と呼んでいます（「オーバーナイト」とは「一夜越し」という意味の英語で、金融用語としては「翌日物」という意味です）。

　また、当日や翌日に利益を得て売ることができなかったものは、もっと先まで持ち越せばよくて、私はこれを「スイングした」と呼んでいます（「スイングトレード」とは、保有期間が週単位のトレードです）。

　そして数週間でも売れなければ、それは「中長期保有銘柄」と考え直し、半年とか1年保有すればよいのです。これもまた、もともと中長期保有にも適した銘柄しか買っていないので、なんならいつでも中長期保有に切り替えてしまえばよいのです。

　そもそも、「デイのトレード」をしなければいけない決まりなんて全くないのですから、利益を得て売ることができなければ、ずっと売らなければよいだけなのです。**こうした、「無理な損切りをしない」というやり方を続けた結果が、驚異的な連勝記録に繋がっているのだ**と思います。

仮に、デイのトレードでは利益を確定できなくて中長期保有のものばかりになってしまったとしても、気にすることはありません。そういう時は、デイトレなんてしなければよいだけの話だからです。

中長期の投資としては間違っていない投資をしているわけですから、そのままにしておけば、そのうちプラスになります。

それにもし仮に、1億円の資金がすべて中長期保有になったとしても、手取りの年率で3％かそれ以上の配当利回りは得られるわけですから、年間に300万円かそれ以上の運用益が得られるなんて、御の字じゃないですか。

そもそもが、定年を迎えた後にヒマだからする「とにかく明るいデイトレ」なのですから、デイトレを「しなければならない」というわけではないのです。そこが「サカキ式デイトレ」にしかない強みです。

相場勘が鈍らないように、できるだけ毎日取引をするに越したことはないのですが、どうしても売りたくないし、買うものもないという時にはお休みモードで相場を静観していても大丈夫です。

しかしながら、これから述べることを忠実に遵守すれば、「デイトレに失敗して、中長期保有のものばかりになっちゃう」ということは、あまり起こらないと思います。

老後のデイトレは「欲張るな！」

「老後のデイトレ」については、拙著『60代を自由に生きるための　誰も教えてくれなかった「お金と仕事」の話』の第４章で詳しく解説していますので、ここではその記述の中から大事な部分を抜き出して要点をまとめつつ、「老後にデイトレするための４つの条件」についての補足説明をしていこうと思います。

①「充分な時間」――平日、８時45分～15時15分まで、ほぼ毎日「時間」がとれること
②「充分な資金」――株式投資用の資金が少なくとも「３０００万円以上」と、それ以外の資金が少なくとも「２０００万円以上」あること
③「充分な経験」――株式投資に関する充分に充実した経験が、少なくとも「10年以上」あること
④「欲張らない」――絶対に欲張らないこと

この4つの条件の詳細については前著をご参照ください。

これらの4つの中で私が一番重要だと思っているのは、**4つ目の条件である「欲張らない」**ということです。条件を4個ではなく、10個にして、4番目から10番目までを、④「欲張らない」、⑤「欲張らない」、⑥「欲張らない」……⑩「欲張らない」としたいほど、デイトレにおいてこの条件は重要なのです。

強いていえば、1番目から3番目までの条件は、デイトレをする前提として「そろっていて当たり前」のものです。そして、この4番目の条件である「欲張らない」ことこそが、成否を分ける重要なマインドなのです。

しかも**この「欲張らない」というのは、デイトレではない通常の株式投資を成功させるためにも必要かつ欠かせない要件です**。通常の株式投資でも、「欲張らない」人が上手くいっています。

要するに、「老後のデイトレ」は「儲けよう!」と意気込んではいけないのです。あくまで「ヒマだ病（＝老後にヒマでヒマでしょうがなくなる精神状態）対策」として、「ヒマだからやっているだけだ」という基本を忘れないことです。そうすれば、おのずと欲張らなくなるので、その結果として上手くいくというわけです。

なお、②にある「それ以外の資金」とは、信用取引で万一、追証《おいしょう》（追加証拠金）が発生した時のための予備資金です。通常は、この予備資金は投入しません。

あなたは大丈夫？　デイトレを始めてはいけない条件

さて、先ほど述べた「老後にデイトレをするための４つの条件」について、もう１つ忘れないでほしいことがあります。

それは、**「ここに挙げた４つの条件を完全に満たしていなかったら、デイトレはしないでください」**ということです。これも絶対におさえておいていただきたいポイントです。

定年を迎えてしまえば、①の「充分な時間」と②の「充分な資金」は、けっこう高い割合の方が持ち合わせています。ここで重要なのは、③の「充分な経験」です。

「株式投資に関する充分な経験が、少なくとも10年以上」ない方は、デイトレはやめておきましょう。普通の株式投資を10年以上、いや、できれば20年以上にわたって一生懸命実践し、そこから多くを学んでからにしてください。そうしないと、取り返しのつかないことになってしまいます！

ここで述べた「充分な経験」とは、次のようなことです。

①ただ、株を持ちっぱなしにしていただけの期間は含まないこと
②しっかりと自分で勉強しながら、少なくとも1年に数回以上の売買をしていること
③信用取引のメカニズムに関して、徹底的に理解すること
④経済のみならず、国内外の政治や社会の動きに強い関心を持ちつつ、それらの事象を株式市場と関連づけて「自分の頭で考える」という訓練を10年以上（できれば20年以上）にわたって続けていること

「老後にデイトレなんて、とんでもない！」というのが、たぶん通説だと思います。しかしそれは、株式投資のことをよく知らない方が多いからこそいわれていることなのだと思います。

先にお示しした「4つの条件」を満たすことができるのは、多くの場合、「老後」しかないのです。

いい換えれば、本業を退職して老後の生活に入った方こそ、「老後のデイトレ」を実践するのに最も相応《ふさわ》しいのです（なにしろ、「好機高齢者」なのですから）。そして、「老後のデイトレ」を堅実に実践すれば、豊かで実りある老後が手に入ります。

老後を迎えるまでにまだ長い年月がある方は、ぜひとも今のうちに「株式投資に関する充分な経験を少なくとも10年以上」積んでください。それが老後のお金にさらなる安定をもたらすとともに、一生続けることのできる魅力的な「副業」にもなるのです。

繰り返しになりますが、４つの条件をすべて満たしていない方のデイトレはご法度です。とくに「充分な経験」と「欲張らないマインド」をしっかりと持っていない方は「デイトレ厳禁」です。大失敗しますから！

MOTO教授の投資コラム⑤

長期投資とはバイ&ホールドではない

「長期投資」というと、ほとんどの方が「株を買って長期的に保有する投資スタイル」のことだと思っているようです。こういった「長期保有」の投資スタイルのことを「バイ&ホールド（＝買って、ずっと保有する）」といいます。

私は最近、保有期間は「むしろ短めのほうがよいのではないか」と思うようになりました。なぜなら、デイトレを意識しているわけではありませんが、長期的に保有しなくても、ある程度の利益が出れば、比較的短期（たとえば数週間とか数ヶ月）で売ってしまうことが多いからです。

巷では、株式投資で成功するには長期投資が必要だという意見もよく耳にします。しかしそれは私の経験から、「負け惜しみの言い訳」ではないかと思ってしまうのです。

株式投資では、短期的に利益が得られるに越したことはありません。ただ、それがなかなかできないから、「株式投資で成功するには、長期投資をしましょう」といっているように思えてしまう時があるのです。

少なくとも2023年の年初から2024年の3月までは、長期保有に完全に軍配が上がりますが、それは単なる結果論でしかありません。株式市場というのは基本的に、「一寸先は闇」の世界なのです。ですから、「正しいスタイル」で長期投資をすれば上手くいく可能性が高いのも事実ですが、一定のリスクがあるのも事実です。

一方で、私は「長期投資」という言葉に違う意味を持たせています。

それは、「株の保有期間が長期」の投資という意味ではなく、「株式投資の実践期間が長期」という意味の「長期投資」です。つまり、「長期間にわたって、ずっと株式投資をしましょう」ということです。それなら私も、一点の曇りもなく推奨できます。

「続けること」も「才能」の1つです。「一生、株式投資をする才能」さえあれば、きっと成功するでしょう。

第8章

【超上級者編】デイトレ実践講座！

第8章（最終章）は、実践編です。本章は超上級者向けですので、一般的な個人投資家からするとかなりレベルは高くなります。サカキ式デイトレを極めたいという意欲的な読者の方はお読みください（投資初心者の方は、読み飛ばして「あとがき」をお読みください）。

デイトレは2つのテクニカル指標をおさえればよい！

サカキ式デイトレに用いる指標は、「1分足の株価チャート」と「1分足のRSI」と「1分足のストキャスティクス（ファースト　%K）」です。私は「1分足」を用いていますが、前述の藤本茂氏は「5分足」を用いているそうです。

また、「ストキャスティクス（ファースト）」には、「ストキャスティクス（ファースト　%D）」と「ストキャスティクス（ファースト　%K）」がありますが、私は「ストキャスティクス（ファースト　%K）」の方を見ています（以下では再び、「ストキャスティクス（ファースト　%K）」を「ストキャ」と記します）。

もちろん、事前に「週足と日足」の「株価チャート・RSI・ストキャ」も参照しますが、私が取引時間中に見るのは主に「1分足」です。取引時間中はたまに「日足」も見ます。特に、何らかの銘柄をその日の最初に取引する直前には「日足」も見て、その銘柄の株価の相対的な水準も確認します。

私のデイトレでは、テクニカル指標を「ＲＳＩ」と「ストキャ」の2つだけにしぼっています。なぜなら、全部を見ようとするとキリがないからです。この2つだけでも、かなりの有効性があります。第6章で前述したとおり、「ＲＳＩ」と「ストキャ」のことを「オシレータ」といいます。「オシレータ」といわれる指標は他にもいくつかあるのですが、本書では、「ＲＳＩ」と「ストキャ」の2つことを「2つのオシレータ」と略します。

そしてこのように、「株価チャートと2つのオシレータ」といったテクニカル指標を中心に売買の意思決定をするわけですが、もちろん事前に「株式市況」や「個別企業の財務データ」といった基礎的条件を調べておきます。そして、「今が安値圏だ」と判断できる銘柄のみを投資対象にします。

デイトレはあくまで「上級者」向けということですから、「ＲＳＩ・ストキャ」といった用語の説明は省きます（ネットで調べればすぐにわかるはずです）。

チャートで見る「デイトレの売買タイミング」

では、第6章でも少し述べましたが、売買をする上でテクニカル（チャート）上で重要な指標を非常にシンプルにまとめたものをお教えいたします。

それは、

「株価とRSIとストキャの3つが下がっている時が買いで、これらの3つが上がっている時が売り」

です。

これは大事な点ですので、もう少し言葉を足してみます。

「株価」がその日のうちで相対的に低くて、「RSI」の値が「30以下」で、かつ、「ストキャ」の値が「20以下」の時が買いです。

そして、「株価」がその日のうちで相対的に高くて、「RSI」の値が「70以上」で、かつ、「ストキャ」の値が「80以上」の時が売りです。

しかしながら、こんな「数行で書いてあるテクニックだけ」で、すべからく上手くいくほど株式市場は甘くありません。「生き馬の目を抜く」といわれることも多い株式市場ですからね。

そのため、「2つのオシレータ」の特性と、その限界についても言及しておかなければなりません。

上級者必見！　デイトレで連勝する秘訣

最初に大事なことを一言で述べると、**「2つのオシレータは、絶対ではない」**ということです。なぜならば、「RSIの値が30以下で、かつ、ストキャの値が20以下」であるのは、「1分足で見て、株価が安いですよ」ということを意味するのですが、「株価が『最安値』ですよ」といっているわけではないからです。「安い」と「最安値」は、似ていますが全然違います。「安い」は「ただ、相対的に安いだけ」ですが、「最安値」は、「最も安い」ですから。

つまり、次のようなことです。

たとえば、株価が1000円を付けていて、それが今日のうちでは相対的に安い株価だとします。そして、そこから1～2分でグッと下がって970円になったとします。そうすると、「2つのオシレータ」がともに30と20を割ってきます。すると、「株価がその日のうちで相対的に低くて、RSIの値が30以下で、かつ、ストキャの値が20以下」という条件を満たしますので、「ここが買いだ！」となりますね。

しかし、2つのオシレータは、「1分足で見て、株価が安いですよ」といっているだけなので、**もっと下がることもある**のです。株価が安いのは事実でも、もっと下がることだってあるわけですからね。

そして株価がもっと下がって960円になったとしても、「2つのオシレータ」はたとえば25と18を割ってきて、「1分足で見て、株価が安いですよ」といい続けます。

そしてさらに株価がまだ下がって950円になっても、「2つのオシレータ」はたとえば20と15を割ってきて、「1分足で見て、株価が安いですよ」といい続けます。

もうおわかりですよね。

このように、「2つのオシレータ」は株価が相対的に見て安い時に、「1分足で見て、株価が安いですよ」と教えてくれはしますが、「最安値ですよ」とは一言も発してはいないのです。

ですから、この例で利益を出そうとするのであれば、９７０円で1万株買って、９５０円でも1万株買うのです（この時点の買い値の平均単価は９６０円ですね）。

そうすると、たとえば９４５円で底を打って株価が反転して９６５円まで戻り、その時点で「２つのオシレータ」の値が70と80を超えていれば、そこが売り時です。差益の５円×２万株で10万円の利益がでます（経験的には、ここで述べたような株価推移で株価が９６５円くらいまで戻れば、「２つのオシレータ」の値が70と80を超えると思います）。

なおこの後、株価は９８０円とか９９０円まで戻るかもしれません。その場合は、前述した買いの場合と同じように、「２つのオシレータ」は80と90を超えて、「1分足で見て、株価が高いですよ」といい続けます。株価が９６５円の時にも、「２つのオシレータ」は「1分足で見て、株価が高いですよ」といっていたわけですが、「株価が最高値ですよ」とは一言も発してはいないのです。

こういうふうに、９６５円で売った数分後に株価が９９０円まで戻ったら、ほんの数分で50万円も儲け損ねてしまうのですが、そんなことは事前にはわからないので仕方ありません。これこそが「得切り」ですし、「利食い千人力」なのです。

そして、この事例で株価が９４５円では下げ止まらず９４０円になり、９５０円まで戻って、それが終値になったとしたら、（平均単価で）９６０円で買った２万株は翌営業日に持ち越しです。

従来型のデイトレですと、引ける前に９５０円で無理矢理２万株を売って20万円の損切りをするのかもしれませんが、「サカキ式デイトレ」では、そもそもこの９６０円というのは「優良企業の安値圏」なのですから、無理に売る必要は全くないのです。

これがデイトレで連勝する秘訣です。

最後にサンプルとして、２０２４年２月26日の「日経レバレッジ（１５７０）」の前場の１分足チャートを掲載して、カイとウリの判断について簡潔にお示しいたします。（図１）とその中のコメントをご参照ください。

（図１）　日経レバレッジ（1570）の１分足チャート

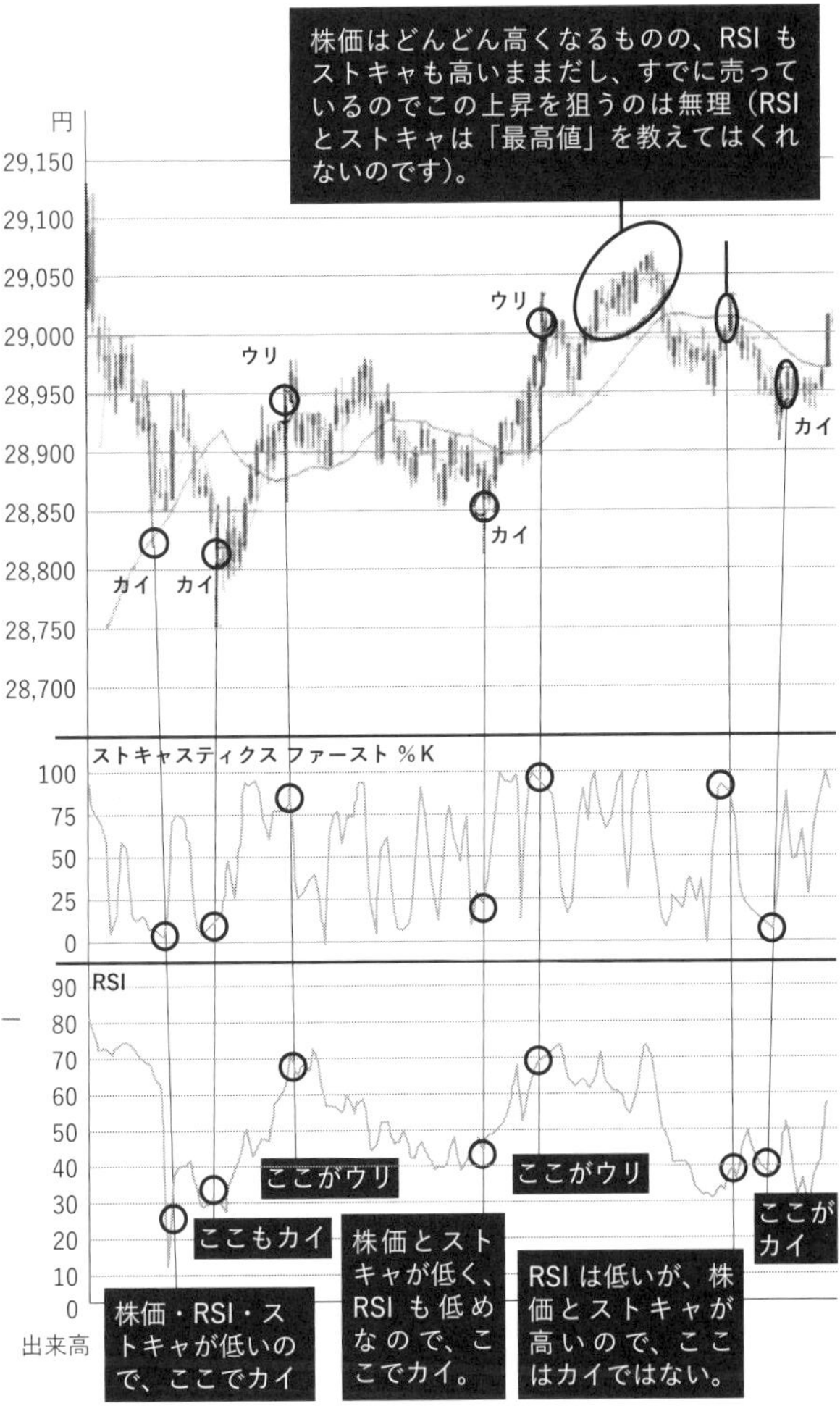

株価はどんどん高くなるものの、RSI もストキャも高いままだし、すでに売っているのでこの上昇を狙うのは無理（RSIとストキャは「最高値」を教えてはくれないのです）。
円
29,150
29,100
29,050
29,000
28,950
28,900
28,850
28,800
28,750
28,700
ウリ
ウリ
カイ
カイ
カイ
カイ
ストキャスティクス ファースト %K
100
75
50
25
0
RSI
90
80
70
60
50
40
30
20
10
0
出来高
ここがウリ
ここがウリ
ここもカイ
ここがカイ
株価・RSI・ストキャが低いので、ここでカイ
株価とストキャが低く、RSI も低めなので、ここでカイ。
RSI は低いが、株価とストキャが高いので、ここはカイではない。

あとがき

さぁ、本書も最後となりました。

「株式投資をする理由」と、「理想的な70代の輪郭」ははっきりしてきましたか？

「株式投資をする理由」の第1は、「老後資金の形成」です。そして第2は、老後に「とにかく明るいデイトレ」をして、楽しく暮らすための資金作りです。

現在50歳未満で、かつ株式投資の初心者の方は、まずは10年（できれば20年）という時間をかけて株式投資を熟練してから、定年退職後にデイトレに挑戦してみましょう。

すでに株式投資に関して充分な経験を積まれていて、かつ「老後にデイトレをするための4つの条件」を満たしていらっしゃる方は、まずはデイトレのイメージトレーニングをしてから、デイトレに挑戦してみてください。

素敵な老後に向けて、株式投資のスキルを磨きましょう！

高齢者の中には、「もうこんな歳なんだから、株式投資なんて無理だよ」と考えている方がいらっしゃるかもしれません。ビジネス書に「あるある」なのは、「もう」と考えるのではなく、「まだ」と考えよう、というものです。私も「もう62歳」ではなく、「まだ62歳」と考えるようにしています。「もう60歳を過ぎたんだから、今さら株式投資なんてやめておこう」ではなく、「まだ60歳を過ぎたばかりなんだから、今こそ株式投資を始めるべきだ」と考えましょう。

もちろん、身の丈に合わないような無理な投資は厳禁です。「時間・資金・経験」を活かして、無理なく、欲張らずに株式投資に真剣に取り組めば、望外の果実を手にすることも充分に可能でしょう。

「元気なうちは一生、株式投資。欲張らずに、堅実に！」そう決めてしまえば老後不安も吹き飛びますし、「好きなことだけして生きる70代」に向けて、まっしぐらに突き進むことができると思うのです。

私は、この歳になって確信したことがあります。

それは、「『運用能力』と『老後の不安』は、反比例の関係で完全にリンクしている」ということです。

すなわち、安定した運用能力があれば老後の不安は消えますが、その反対に、運用能力を身につけていなければ、退職時に1億円くらい持っていたとしても不安は残り続ける、ということです。

「思いのほか長生きしたり、想定外に多額のお金が必要になってしまったりしたらどうしよう。インフレが加速したら1億円でも足りないんじゃないか」、というふうに。

もちろん、株式投資には（「危険」という意味での）リスクもありますし、投資した資金が減ることもあります。しかし「熟練すれば、一定の利回りを安定的に得ることができるようになる」というのが私の経験からの確信です。

私は、金銭的な意味での老後の不安はほぼ皆無ですが、それはお金がたくさんあるからではありません。「お金」は失ったり奪われたりしますが、ボケるまで誰にも奪われない「運用能力」を身につけているからです（しかも、株式投資はボケ防止にも効くといわれています）。

お金の不安はなくても、「健康不安」と「人生の残り時間が少ない」という宿命からは逃れられないのですから、「安全で安定した運用能力」を身につけることで、お金の不安だけでも解消しましょう！

本書では「老後のデイトレ」の手法についてもかなり詳しく解説しましたが、**中途半端な儲け根性でデイトレを始めるのは厳禁だということも強くお伝えしてきた**つもりです。

本書で述べた「4つの条件」（183ページ）を1つでも満たしていなかったら、デイトレに手出しは無用です。すべての条件を満たすまで修練を積んでください。株式市場は逃げませんし、なくなりません。

また、この本をお読みいただいて、熱くなったままで株式投資を始めないでください。「新NISA制度」は、恒久的措置に移行しましたから急ぐことはありません。前述の藤本茂氏の本やこの本をお読みになって、「よっしゃ！　一丁、私もやってみようか！」と思う方も多いかもしれませんが、**それほど甘い世界ではありませんので、軽率にデイトレを始めるのは厳禁です**。じっくり学んで、自分なりに「機が熟した」と思えるタイミングで、経験と身の丈に合った規模で投資を始めてください。

本書の冒頭にも書きましたが、私はおよそ2年半前にデイトレを始めてから、株式投資のパフォーマンスが急激に向上しました。それまでの11年間も、ほぼ無敗の成果を叩きだしていましたが、利益の額はデイトレを始めてから大幅に向上しました。

しかしだからといって、「こんなことならもっと早く仕事を辞めて、デイトレ生活をしていればよかった」とは微塵も思わないのです。

なぜなら、人にはみな、「時」というものがあると思うからです。「今がその時だよ」という「適切な時機（好機）」というものがあると確信しています。

私の場合でいうと、59歳まで大学教員をしていたからこそ、そしてそういった知識と経験の集積があったからこそ、60歳でデイトレを始めるのがちょうどよくて、とても上手くいっているのだと思っています。

ですから、しっかりと勉強して熟練を積みながら、株式投資以外で各自に与えられた職責を全うしたうえで、しかるべきタイミングでデイトレ生活に入れば、奥義を究めた素敵な株式投資ができるようになります。

「老後のデイトレ」の大先輩である藤本茂氏の背中を追いかけながら、私も「サカキ式デイトレ」をさらに極めていくべく、これからも精進してまいります。そしてその成果は書籍やオンラインサロンや講演会などで、随時発信してまいります。

本書を世の中に出すことができたのは、ＰＨＰ研究所の吉村健太郎氏、大隅元氏、薬師神ひろの氏のご尽力のおかげです。心から感謝しています。

私がリスペクトしてやまない亡き父は生前、（当時、現役バリバリだった）松下幸之助《まつしたこうのすけ》氏のことをとてもリスペクトしていました。私の父は物心がついたころから、「松下幸之助氏は起業したてのころに、電球のソケットを作って、それをご自分で売り歩いたんだよ。そして、皆が幸せになることを心から願って粉骨砕身《ふんこつさいしん》し、大成功したんだよ。まさくんも、そういう人にならなきゃ、な！」という話を私に何度もしてくれました。その松下幸之助氏が興したＰＨＰ研究所から拙著を上梓《じょうし》できることを誇りに思っています。

そして、還暦後に知り合った知人の叱咤激励《しったげきれい》によって、本書は生まれました。心から感謝しています。

なにより、最後までお読みいただいた読者の皆さま、本当にありがとうございました！

榊原正幸（さかきばら・まさゆき）
1961年、名古屋市生まれ。名古屋大学経済学部、大学院経済学研究科を経て、同大学経済学部助手。93年、日本学術振興会特別研究員（PD）となり、その後、渡英して英国レディング大学に入学。帰国後の97年より東北大学経済学部助教授。2000年、日税研究賞を受賞。01年、英国レディング大学大学院より博士号（PhD）を授与される。同年、税理士資格を取得。03年、東北大学大学院経済学研究科教授。04年4月、青山学院大学大学院国際マネジメント研究科教授。21年3月に同大学院教授を退任後も早稲田大学非常勤講師をしながら、東京・青山を拠点にしてファイナンシャル教育の普及活動を続けている。
会計学博士。
シリーズ10万部突破の『株式投資「必勝ゼミ」』（PHP研究所）の他、『60代を自由に生きるための 誰も教えてくれなかった「お金と仕事」の話』（PHPビジネス新書）など、著書多数。

PHP
Business Shinsho

※投資は自己責任で行うものですので、本書を参考にしていただきながら、最終的には投資家各位の自己責任においてご判断ください。
※本書に掲げた情報を利用されたことによって生じたいかなる損害につきましても、著者および出版社はその責任を負いかねます。

PHPビジネス新書 471

1冊でまるわかり

50歳からのトレーダー入門

2024年5月29日　第1版第1刷発行

著　　者　榊原正幸
発行者　永田貴之
発行所　株式会社ＰＨＰ研究所
東京本部　〒135-8137　江東区豊洲5-6-52
ビジネス・教養出版部　☎03-3520-9619(編集)
普及部　☎03-3520-9630(販売)
京都本部　〒601-8411　京都市南区西九条北ノ内町11
PHP INTERFACE　https://www.php.co.jp/
装　　幀　齋藤　稔(株式会社ジーラム)
組　　版　石澤義裕
印刷所　株式会社光邦
製本所　東京美術紙工協業組合

ISBN978-4-569-85704-6

「ＰＨＰビジネス新書」発刊にあたって

わからないことがあったら「インターネット」で何でも一発で調べられる時代。本という形でビジネスの知識を提供することに何の意味があるのか……その一つの答えとして「**血の通った実務書**」というコンセプトを提案させていただくのが本シリーズです。

経営知識やスキルといった、誰が語っても同じに思えるものでも、ビジネス界の第一線で活躍する人の語る言葉には、独特の迫力があります。そんな、「**現場を知る人が本音で語る**」知識を、ビジネスのあらゆる分野においてご提供していきたいと思っております。

本シリーズのシンボルマークは、理屈よりも実用性を重んじた古代ローマ人のイメージです。彼らが残した知識のように、本書の内容が永きにわたって皆様のビジネスのお役に立ち続けることを願っております。

二〇〇六年四月

ＰＨＰ研究所